Allez Claudette.

... pour pousser l'absurdité radiophonique à ses limites. Une sorte de purgatoire! Comment vas-tu?

Péril à la radio

Du même auteur

Mûres confidences, Éditions internationales Alain Stanké, 2003.

Le Guerrier désarmé, préface de Guy Corneau, Boréal, 1994.

Le Sabot de Brel, Quinze, 1992.

Sept Degrés de solitude Ouest : Autobiographie apocryphe reconstituée à partir de souvenirs recueillis au grenier de la légende volontaire du héros, Quinze, 1989.

Le Guide du répondeur bien branché, en collaboration avec Lucie Dumoulin, Le Jour, 1989.

Le Bonheur possible : Les gens heureux ont une histoire, Éditions de l'Homme, 1983.

Chers nous autres : Un siècle de correspondance québécoise, VLB, 1978.

Robert Blondin

Péril à la radio

Roman satirique

Stanké
QUEBECOR MEDIA

Données de catalogage avant publication (Canada)

Blondin, Robert, 1942-

Péril à la radio

ISBN 2-7604-0968-6

I. Titre.

PS8553.L66P47 2004 C843'.54 C2004-940892-5
PS9553.L66P47 2004

Infographie et mise en pages : Composition Monika, Québec

Maquette de la couverture : Barabbas Design

Illustration de la couverture : Marc Lalumière

Les Éditions internationales Alain Stanké remercie le ministère du Patrimoine canadien, le Conseil des arts du Canada, la Société de développement des entreprises culturelles du Québec (SODEC) et le Programme de crédit d'impôt du gouvernement du Québec du soutien accordé à son programme de publication.

Les Éditions internationales Alain Stanké
7, chemin Bates,
Outremont (Québec) H2V 4V7
Tél. : (514) 396-5151
Téléc. : (514) 396-0440
editions@stanke.com

Stanké international, Paris
Tél. : 01.40.26.33.60
Téléc. : 01.40.26.33.60

Dépôt légal :
3e trimestre 2004

ISBN : 2-7604-0968-6

Diffusion au Canada : Québec-Livres
Diffusion hors Canada : Vivendi (VUP'S)

Au commencement était la Blague. Et en effet, toutes les histoires s'approfondissent en fables.

Valéry

1

– Wouahhhhh... Mes longues années de radio avec L'Anguirland m'ont obligé à maîtriser cet aboiement feutré. Autrement, je n'aurais pas accès aux dessous des tables d'animation. J'y vois des pieds, des genoux, et des parties encore plus odorantes, s'agiter, se catatoniser, se heurter, se chercher, et souvent contredire les propos des dessus de table.

L'animateur L'Anguirland traîne...

– Wouahhhhh... amène !

... amène son Grand Pyrénées dans les studios de radio, le long des corridors, dans les bureaux de production, comme dans les antres décisionnels. La radio publique canadienne cultive toujours sa fidélité au passé de trappeurs et de coureurs des bois de son auditoire en acceptant les caractères de tous poils, vêtus de pelages des plus utilitaires au plus controversés, en sachant caresser les chevelures et les toisons les plus marginales.

– Wouahhhhh. On poinçonne le douzième étage. On va encore se retrouver dans le cénacle de la réunionite. Stratégie de convergence. Comme tous les lundis. Très mauvais pour ma vessie, ces réunions. Le ménage y est toujours fait. Pas un journal, ou quelques vieux Kleenex à terre, ou quelques rapports de profils d'auditoire, ou de revue de presse. Quand il éructe son rire, mon L'Anguirland, c'est plus fort que moi, je mictionne légèrement. Tiens. La vedette des petits matins, le crâne déguisé en franciscain. Je reconnaîtrais son odeur de cuir mouillé n'importe où. Il tousse encore beaucoup. On le dit atteint aussi. Mais il refuse d'en parler à d'autres qu'aux grands patrons. N'empêche qu'en déclinant ainsi, sa santé est très tendance. Bon. Nous y voilà. Pas un chat (il m'a fallu écouter longuement les résumés élaborés de L'Anguirland sur la tolérance pour arriver à utiliser cette expression), pas un chat, donc, au douzième étage. Karl, le garde de sécurité, se tient devant la section exécutive comme s'il gardait le Golan des horreurs de l'Histoire. Il va vouloir encore fouiller mon pelage blanc. Et je vais devoir subir la poudre du Docteur Scholl ! Maudite poudre à pied. Karl a tellement peur qu'on lui sente les pieds qu'il en sature ses chaussettes. On voit même une petite ligne blanche à la commissure entre ses chaussures noires de fonction et ses chaussettes bleues. Moi, je sais qu'en voulant faire un pied de nez à son odeur pédieuse, il nie son identité chtonienne. Tiens ! Qu'est-ce que je vous disais ? Je n'ai pas d'armes cachées derrière les oreilles ! Wouahhhhh, cette odeur...

Karl Bottine est un ingénieur en électricité privé de son diplôme par une mononucléose mal synchronisée. Il s'est retrouvé technicien de son à Radio-Canada parce qu'il a un jour enseigné dans une école privée en électronique où il en a profité pour se décerner un certificat ad hoc. Au service technique de Radio-Canada, il a fouillé les entrailles des magnétophones et des micros avec la perspicacité des médecins légistes les plus célèbres de la télévision. Mais sa passion secrète demeure la communication. La noble. L'universitaire. La théorique. Il cite McLuhan, Séguéla et Faith Popcorn, comme si ces derniers présentaient, eux aussi, de petites lignes blanches révélatrices juste au-dessus de leurs chaussures. En fait, il signe régulièrement des articles dans les revues spécialisées sous le pseudonyme de Karl Hertz. Quand on a découvert son rayonnement intellectuel, les techniciens l'ont ostracisé. Écœuré de cette courte vue de ses confrères, il a postulé et obtenu un poste de garde de sécurité. Ce qui lui donnerait le dernier mot sur ses confrères, pensa-t-il. Mieux valait un petit pouvoir d'agir que la condamnation à subir, d'après lui. Quand il accepte de parler de sa rétrogradation volontaire, il se réclame de tiers-mondisme de Bernard Kouchner, mais sans jamais citer de paroles exactes. Comme les court-circuités de la connaissance aussi bien que les survoltés du savoir, il n'arrive pas à expliquer le péril qui semble peser sur la radio francophone publique canadienne.

Les quintes de toux ne se confinent plus aux corridors, à la cafétéria, aux régies techniques. Il s'en échappe en ondes. Certaines voix aimées pour leur velours deviennent rauques. En pleine période de sondage, il faut remplacer beaucoup trop souvent les présentateurs et animateurs. Le mot *funérailles* commence même à se répéter dans les agendas. Karl Bottine annonce :

– Encore une cérémonie funéraire ce matin. Ils y sont tous. Aucun doute. Le lecteur de nouvelles était connu. Il fallait donc que la direction s’y rende. Pas de réunion ce matin. J’ai des ordres. Mais je refuse de m’attrister outre mesure. Séguéla disait que la vie est trop courte pour travailler triste.

– On peut tout de même s’inquiéter, osa L’Anguirland à travers sa barbe blanche. Il y a eu des épidémies et même des pandémies dans toute l’Histoire de l’humanité. J’en ai souvent parlé à mon émission. Avez-vous écouté dimanche soir dernier, Karl ?

– Wouahhhhh. Ça y est. Il repart. Tiens ? Son odeur d’encens est moins prononcée, ce matin.

– Non. Une réunion d’anciens confrères de l’université. Il est rassurant votre chien Cybèle, monsieur L’Anguirland.

– Wouahhhhh.

– Dans son égalité d’humeur, oui. Ha ha hhhha.

– Wouahhhhh. Oups. Quelques gouttes... Je vais les laisser aller sur *Le Journal de Montréal*, ici, à côté du bureau du gardien. Son maudit rire me fait maintenant systématiquement pisser. Quel titre tout de même ! « UNE AUTRE VEUVE À RADIO-CANADA. La direction de la radio d’État nie tout lien entre les coupures budgétaires, les changements de critères de choix des animateurs et l’étonnante épidémie de cancers de la gorge chez son personnel. Convergence uniquement attribuable à un hasard déplorable », d’assurer son directeur Levain Vespey. Il affirme ne faire aucun lien entre l’attention portée à Radio-Canada à cause de ces événements et une éventuelle augmentation ponctuelle de la part de marché. Il annonce la nomination d'un comité d'enquête présidé par la nouvelle directrice de la visibilité médiatique des gestionnaires, Élisabeth Higgins (récemment encore relationniste chez Dickinson, Barbour et Associés). Aussi bien en profiter pour me soulager complètement la vessie.

Sur le pupitre de Karl Bottine, un autre journal souligne le décès du lecteur de nouvelles : « UNE AUTRE VOIX S'ÉTEINT. »

– Wouahhhhh. Aussi bien m'éloigner des pieds du garde Bottine. Une odeur très franche de pipe en réglisse noire ne laisse aucun doute...

Mark-Yvon du Tremblay a étudié dans un collège privé avec le fils de l'ancien premier ministre du Canada Pierre Elliott Trudeau. Il s'est fait remarquer, à l'époque, par son talent exceptionnel à sentir le vent et à se placer dans une allure optimum pour en tirer le meilleur parti possible. Sur un voilier, il finirait par boire ses *smart drinks* dans la Coupe America ! Ses prestations radiophoniques, qu'il rodait dans un restaurant à la mode de la rue Saint-Denis, lui valent tantôt une étiquette d'humoriste, tantôt un accessit de pamphlétaire. Il consacre autant de temps à son talent qu'à nourrir la rumeur publique au sujet de celui-ci. Sa médiatisation orchestrée l'a sacré personnage public (deux articles à son sujet dans une revue consacrée aux célébrités du moment et une invitation à livrer ses confidences à un animateur-vedette de la radio concurrente). Il n'en fallait pas plus pour lui ouvrir toutes grandes les portes des studios de la radio d'État. Il avait évidemment son opinion sur l'inquiétude du jour.

– Toujours avec Cybèle, L'Anguirland ? Lequel tient l'autre en laisse ? Non, non. Je blague, bien sûr. Vous me connaissez. Vous savez, moi, je crois qu'il faut prendre le problème à contre-pied.

– Wouahhhhh. Où la cache-t-il, sa pipe en réglisse noire ?

– Bien sûr, tout cela est triste, mais il y a toujours un avers de médaille. On est d'accord ? Levain me consultait encore avant-hier sur les stratégies à développer pour atténuer les effets éventuellement négatifs de la situation. Je lui disais, et il me suivait là-dessus, qu'il fallait répandre un baume d'humour, voire de dérision, sur la morbidité ambiante. J'en ai fait une fonction sociale, vous le savez, de désamorcer les tristesses individuelles avant qu'elles ne deviennent des crises politiques ou sociales. Vous me suivez ?

– Wouahhhhh. À la trace de réglisse...

– Ha ha hhhha !

– Wouahhhhh. Heureusement que j'ai la vessie vidée. Oups ! Il en restait deux gouttes. Tant pis.

Mark-Yvon du Tremblay participe à un grand nombre d'émissions de radio. On lui demande son opinion sur tout. Il chronique avec une drôlerie ambiguë qu'il qualifie de deuxième degré. Il est mal vu de mettre en doute son talent, sa pertinence, son éthique. La sanction du succès atteste inexorablement de son importance. Et comme le succès engendre le succès (une forme médiatique de parthénogenèse – pas question d'évoquer une consanguinité qui pourrait impliquer une quelconque crétinisation), aucune session de remueméninges de conception d'émission n'ose omettre son nom d'un futur générique !

– La radio, déclare-t-il, est une institution organique. Bien sûr, comme telle, ses composantes doivent naître et mourir. Que le processus soit à l'occasion accéléré ne constitue qu'une intensification du renouvellement indispensable à toute vie. Je le répétais encore à Levain l'autre jour : « Il n'y a pas de vie nouvelle sans le sacrifice de modules vitaux... » Ouch ! OUCH !

– Wouahhhhh. J'étais pourtant certain que c'était bien une pipe en réglisse noire que je mordais...

2

C'est du haut de sa tour hexagonale que le réseau français de la radio de la Canadian Broadcasting Corporation préside, comme on dit, aux destinés de ses artisans et de leurs fidèles. Les douze apôtres siègent ce matin en consistoire. La direction générale et celle des programmes, la direction des communications et des relations publiques, la direction des nouveaux médias et des ressources humaines, et les directeurs des postes de base. Le réseau canadien de radiodiffusion francophone ressemble à une poule montréalaise qui couve sa douzaine d'œufs répartis dans les provinces du beau grand pays vide. Chaque embryon rêvant de se faire un jour aussi grand que la poule pour s'asseoir à son tour sur les ambitions d'une douzaine d'embryons régionaux. Mais il y a du nouveau au poulailler.

Les poussins ont toujours défendu les principes de la décentralisation pour maquiller le plus possible leur provincialisme en urbanité internationale. C'est ainsi qu'on les a vu parrainer des Festival international du canot d'écorce de Rivière-la-Paix. La poule et ses coqs (équilibre sexuel renversé dû à l'autocastration provoquée par les fonds de retraite) ont toujours tenté de soutenir une centralisation plus créatrice. Vieux problème canadien qui consiste à tenter d'égaliser l'importance des villes et régions par un système fédéral de vases communicants des ressources et des pouvoirs. Ne jamais forcer plus fort que le plus faible. Pour protéger la fierté identitaire. C'est la version nord-américaine de la fable de La Fontaine devenue *The Frog Feels Like a Beef and Don't You Dare Tell Her Otherwise*[1].

Mais le nouveau directeur Vespey innove. Il a eu l'idée, en voyant un épisode de la *Guerre de Troie* à la télévision néo-écossaise, il y a quelques années, de se présenter comme un poussin et s'est donc entouré d'un exécutif tout aussi mignon. Tout jaune, tout doux.

– Wouahhhhh. Moi, ça me fait éternuer tout ce duvet qui flotte dans l'air ! Mais je ne puis résister à assister à ces réunions de coordination. Pour des raisons amoureuses. Vous ne la sentez pas ? Une odeur qui va et vient entre la pomme-cannelle et la gomme à mâcher au parfum de cerise. Je l'aime, Fanelle. Et je crois que c'est réciproque.

– Le courriel reçu a doublé cette semaine : 27 % expriment ce que l'on pourrait appeler de la peine pour la maladie ou la disparition de nos voix ; 61,3 % s'inquiètent de leur remplacement éventuel. Les 11,7 % restant sont sans intérêt et assez incohérents. Négligeables. Des critiques, quoi.

– Wouahhhhh. Elle est directrice des nouveaux médias, Fanelle Webard. Quand elle s'est penchée, une fois, pour ramasser son Mont-Blanc

1. La grenouille se sent comme un bœuf, n'osez pas lui dire le contraire.

sous la table, j'ai vu ses seins. Au complet! Elle a les deux mamelons qui convergent à courte distance. Comme ses yeux. Le directeur doit en pincer pour elle, parce que je l'entends souvent parler de convergence dans ces réunions... Et les caresses de Fanelle. Un double clic de l'index qui me ferait sortir de mon pelage!

– Les relations publiques m'assurent que l'idée d'un clavardage continu qui permettrait à nos usagers, qui ont dépassé les 73 000 dont nous rêvions le mois dernier... À toute chose, malheur est bon... Qu'est-ce que je disais...? Ah oui, un clavardage libre nous permettrait difficilement d'exercer le contrôle désiré sur les effets négatifs des inconvénients actuels. Au fait, devrait-on ignorer les questions et insinuations sur le fait que le personnel au micro semble surtout atteint? À propos, je reste disponible pour tout remplacement au micro, si besoin est. Nous étions d'avis, l'autre fois, qu'il serait bon que notre part grandissante de marché nous connaisse mieux, nous de la direction... J'ai demandé à...

– Wouahhhhh. Quand elle écarte les jambes, comme ça, dans le secret du dessous de la table, c'est l'odeur de la gomme à mâcher qui domine. Mélange stimulant avec les flatulences filées de sa voisine dont le string n'arrive pas à contenir les fermentations des sushis de la veille. Bien peu de viande sur ces jambes béquilles.

– ... notre nouvelle stagiaire consultante de nous exprimer le point de vue de notre jeune auditoire éventuel. Elle va nous présenter, ce matin, son point de vue. Pour ceux et celles qui ne l'ont pas encore rencontrée, voici Marie-Pénélope Gagnon-Gagnons.

– Gagnons-Gagnon.

– C'est ce que je disais.

La jeune prodige aux sourcils rasés rayonne d'un succès inévitable. Le directeur Vespey a récemment accepté un doctorat *honoris causa* en tourisme récréationnel de l'Université du Québec à Trois-Rivières. Marie-Pénélope l'a alors interviewé pour la radio étudiante. Il a vu tout de suite qu'elle avait beaucoup plus à donner. Convoquée ensuite à son bureau, à Montréal, elle s'est vue offrir une visite commentée des studios et des personnalités connues qu'on y trouvait. Puis, le dynamique directeur l'a accompagnée à un *rave* au Stade olympique. Voilà une jeunesse qui pourrait gonfler avantageusement sa part de marché.

Marie-Pénélope Gagnons-Gagnon est née sous une bonne étoile. Son père avait été PDG de la Commission des transports en commun de la Rive-Sud. Il a même presque fait le saut dans la métropole pour y exercer des fonctions équivalentes. Marie-Pénélope, digne fille de son père, a été finaliste dans la dernière ronde des auditions pour Star Académie ! C'est dire la pertinence de sa perception des valeurs de sa génération. Présentée à toutes les équipes de production comme l'ambassadrice des jeunes et leur porte-parole, elle ne sait déjà plus où donner de l'agenda. Elle est recherchiste, documentaliste, conceptrice, consultante, incontournable panéliste, et tous sentaient les signes de changement de paradigme à sa façon de terminer ses phrases par un *whatever-smart*[1] qu'elle avale comme d'autres se taisent sur un caramel mou.

---

1. Expression équivalente à « en tout cas ».

– Moi, je pense que les histoires de maladie ici à Radio-Canne font le même effet à nous, les jeunes, qu'un *reality show*... *Whatever-smart*. Heu. C'est cool de voir les vedettes s'éliminer une après l'autre. *Too bad* que c'est pas nous autres qu'on pourrait voter pour décider qui s'en va, qui reste... *Whatever-smart*.

– Génial ! Grâce à mes nouveaux médias, on pourrait rendre l'inquiétude interactive...

– Wouahhhhh. Je n'en peux plus. Faut que je pisse. C'est quoi cette revue ? *WIRED*. Connais pas. Pas de bons vieux journaux ? *WIRED*. Moi, pisser sur le papier glacé... En pissant juste à côté, tout près de la tranche, ça devrait aider l'absorption. Ouf. Ça fait du bien.

On ne décide rien.

L'ayatollah de la langue, comme on appelait depuis des années le conseiller linguistique, doit, à son tour, se retirer pour des raisons de santé. Le consensus coule de source, on va en profiter pour prioriser d'autres secteurs. Inutile de le remplacer. On affirme la nécessaire vigueur d'une langue qui sait changer, évoluer, étonner, par opposition à des règles linguistiques qui risqueraient d'éloigner cette jeunesse qui leur importe tant. Il faut à tout prix se préoccuper de la relève des auditoires. On passe au *coffee break*.

Et le chien Cybèle se faufile jusqu'à l'ascenseur y suivre son nez.

Il se retrouve au niveau B. Un entresol aménagé en simili-musée de la radio. Un *no man's land* récupéré qui permet aux cargaisons de visiteurs de l'âge d'or de s'identifier à quelque chose dans ce dédale de portes closes et de visages fermés. Voilà qui les occupe en effet un peu avant le clou de la visite : un café à la cafétéria et l'espoir d'y apercevoir des vedettes qu'on s'efforce de ne pas reconnaître ostensiblement. Le simili-musée de la radio présente des vitrines de vieux graveurs de 78 tours, d'augustes magnétophones à rubans, de micros sacrés qui ont absorbé des volumes gargantuesques d'haleine de barytons qu'on appelait des annonceurs. C'était du temps où le personnel de microphonables était permanent. Quand les pigistes ont pris la relève, barytonnant moins, ils ont pris le nom d'animateurs. Le contenant prenait le dessus sur le contenu, comme on disait avant d'accueillir les radios du monde entier à l'Expo 67. Le simili-musée offre aussi une collection de photos des glorieux du micro tout en assurant un carrefour discret de rencontres pour les cris et confidences du personnel lésé par la perte d'une promotion ou attisé par le désir d'activités extra-radiophoniques.

Cybèle s'approche lentement du couple appuyé au présentoir d'anciens récepteurs à lampes. Un grand sourire dépassait de deux têtes la moue d'une femme élégante, mais à l'odeur caractéristique de l'amidon Arm & Hammer. Un peu âcre.

– Wouahhhhh. Un peu ? Mets-en !

Le grand sourire écoute, bienveillant, un café dans une main et une liasse de journaux dans l'autre. Il préférerait poursuivre son chemin vers le studio où il doit animer en soirée son émission aussi drôle qu'éclatée. Un talent exceptionnel confiné à la soirée à défaut de le faire éclater au grand jour. Bertrand Routhier dispense sa bonne humeur même à une Sidonie Paxillaume dont il voit bien, de haut, la racine bien blanche de la chevelure auburn. Bertrand Routhier fait la part des choses, contrairement à tant d'autres dans la boîte. Sidonie vit une ménopause douloureuse pour tout le monde. Bertrand lui prête oreille en préparant ses gags pour la soirée.

– Tu sais, mon (elle était de plus en plus possessive en vieillissant) Bertrand, qu'on m'offre encore un pont d'or pour acheter mon départ ? Ils ne m'auront pas. Ils ne vont pas me dérober ma radio sous mes pas (elle avait en effet beaucoup piétiné d'une affectation à l'autre...). Ils veulent me remplacer par une jeune moins... moins...

– Wouahhhhh. Moins empesée.

– ... moins compétente mais mieux disposée à réaliser à leur place. Parce que c'est ça qu'ils font, Bertrand, ils réalisent par jeunes interposées. Ils vont vouloir animer bientôt, méfie-toi.

– Tu n'as pas pensé aux bombes, au LSD dans l'eau potable ?

– Tu ris, mais je te le dis à toi, garde-le pour toi, je ne serais pas surprise que l'eau de cette tour soit responsable du danger qui nous guette tous, Bertrand. Tous, Bertrand. Ne bois que de l'eau en bouteille, je te le dis. Tu n'as pas remarqué un goût douteux dans l'eau des abreuvoirs depuis quelques semaines ?

– Je ne bois que du jus de canneberge depuis des années. Bon diurétique.

– Wouahhhhh. Pas étonnant qu'il traîne autant de journaux.

– Bonne idée. À mon avis, mais c'est confidentiel, le mal vient du filtre à poisson.

L'eau de la tour hexagonale ne vient pas de l'aqueduc de la ville de Montréal. On ne boit pas l'eau populaire dans la tour d'ivoire. On la pompait directement du fleuve, tout près, juste dans le courant Sainte-Marie sous le pont Jacques-Cartier. Dans les entrailles de la tour, un système de filtres la purifie et la débarrasse de quelques tonnes de poissons et d'immondices par mois.

– Je ne serais pas surprise que des déchets radioactifs mal traités, en amont, ne contaminent des poissons qui, à leur tour, sous nos pieds, Bertrand, coincés dans les filtres, nous causent le mal que l'on sait.

– Ouais... Excuse-moi. Je dois absolument y aller.

– Wouahhhhh. Mmm, quelle odeur, ce Bertrand Routhier. Quelle santé !

3

– Wouahhhhh. Je ne peux manquer ça. Je les vois chuchoter à la cafétéria : les vedettes patentées, les chouchous des minorités visibles, les cadres qui se prennent pour les œuvres qu'ils encadrent, les stagiaires qui discourent sur la rigueur en jaugeant les fripes des autres, et ceux qui attendent incessamment des nouvelles de leurs projets évidemment exceptionnels. Mais ça sent la sueur froide autour de ces chuchotements. Facile à suivre à la trace pour moi. On converge encore ici. Vers la salle des nouvelles. Nous y sommes. Comment se fait-il que les poubelles sentent tant le rince-bouche dans la salle des nouvelles ? Hmm. Restons discret. Pipe en réglisse noire, encore.

Mark-Yvon du Tremblay trône sur un pupitre, entouré des nouvellistes habitués à se solidariser pour l'essentiel et à se faire la lutte pour l'extraordinaire. Pigistes et permanents, le même combat : durer. Durer au-delà des succès, des sympathies, des pertinences et des complicités. Chez les communicateurs comme chez les pompiers, le travail est une fonction sociale nantie d'une identité éphémère. Perdre sa fonction sociale et la sécurité qui s'y rattache cause des anxiétés compréhensibles. Se trouver dépouillé de son identité sociale (surtout si celle-ci est le moindrement glamourisante) pousse le malaise jusqu'à l'angoisse.

– Vous me connaissez, j'existe bien au-delà de mon humour. La situation est grave. Nous devons nous battre pour garder notre droit au micro. Nous nous inquiétons tous de la santé de certains de nos confrères et consœurs dont la vie même semble menacée. Nous sommes sans doute tous vulnérables. Vulnérables à quoi ? Je vous le demande. À un danger que j'ose nommer : les remplacements usurpés. Des cadres. Même des membres de la direction se donnent accès au micro. Jusqu'à maintenant, nous avons serré les coudes. La semaine dernière, lors de l'incident Joël, nous nous sommes tenus debout derrière nos pupitres. La direction a tout fait, je peux me permettre de le dire tout haut, pour faire passer le franc-parler, le refus de toute autocensure, du meilleur animateur d'entre nous pour de l'Alzheimer. Il faut exiger des contre-expertises dans ce cas.

En effet, depuis quelques semaines, cet animateur hors pair a manifesté des incohérences particulièrement incongrues en ondes. Il a insisté pour lécher le saphir d'un archevêque pour goûter une pierre précieuse et oublier de vouvoyer les membres de son équipe en ondes. On a soutenu, pour sa défense, qu'il s'agissait d'une forme d'humour. Mais la direction a allégué qu'il fait preuve des mêmes incohérences hors micro en studio.

– Tous les gens présents avec lui en studio nient formellement avoir communiqué avec la direction. Alors qui renseigne celle-ci ?

L'incongruité, le mystère, se répète de plus en plus. Souvent des membres de la direction citent des conversations qui ont eu lieu dans les studios. Les soupçons de trahison pèsent sur tous et chacun. Les élans de reproches se brisent ainsi dans les corridors avant d'atteindre l'étage directorial. Vieilles envies et jalousies plus vives y trouvent un bouillon de culture propice à l'épanouissement de tous les salissages. La peur d'être victime du mal alterne avec l'amertume induite par les rumeurs visqueuses. On se protège en se drapant d'ironie, en se bourrant de millepertuis, ou en fréquentant des groupes d'entraide et des écoles de *shadow-boxing*[1].

Dans cette tour hexagonale canadienne cohabitent la radio francophone et anglophone, la télévision anglophone et francophone, les services radiophoniques aux Inuits et aux Autochtones, Radio-Canada international. Et le mal ne répand la terreur, comme disait l'autre, que dans le personnel connu de la radio francophone.

– Pourquoi faut-il que nous soyons les seuls touchés ? Je n'écarte pas des desseins fédéralistes. Eux qu'on croyait sans dessein. Mais trêve de plaisanterie, il faut agir.

– Wouahhhhh. Pas beaucoup de journaux à terre, ici. C'est quoi, ça ? Un mémo. « ... dans ces moments difficiles et inquiétants, il faut se le dire franchement, je ne vois qu'une attitude pour faire face : converger tous ensemble vers un front commun. La direction vous dit qu'elle est ouverte à vos suggestions et confidences comme elle souhaite votre souplesse à accepter notre présence dans vos rangs. Lundi prochain, dès votre entrée, café et beignes vous accueilleront, comme nous le ferons, pour partager vos inquiétudes. J'y serai

1. Boxe simulée.

personnellement...» Ce qu'il y a de bon dans ce papier recyclé, c'est qu'il n'absorbe pas trop mal. Et justement, personne ne me regarde.

4

– Je jure que ce n'est pas moi !

Lucette Lampion n'a jamais supporté d'être prise en défaut dans quoi que ce soit. Elle cherche puis invoque systématiquement une cause exogène à toute erreur gravitant autour d'elle ou en elle. Il ne lui reste plus que quelques années à assister les gens qui se croient encore responsables du succès d'émissions de radio. Elle en a vu de toutes les couleurs depuis qu'elle a quitté le service des hôtesses pour refus de séduire. On dit encore d'elle qu'elle voit clair. Elle peut en effet dire à l'avance tout ce qui risque de déraper dans une production radiophonique. On a souvent rectifié le tir d'après ses prévisions.

– Wouahhhhh. Et tu ne parles pas de ses odeurs ? Elle en a deux. Le muguet quand elle est de bonne humeur et ne craint aucun irritant sur son chemin. Autrement, elle sent les légumes bouillis qu'on jette à la poubelle quand ils ont traîné assez longtemps au frigo. Moi, elle m'aime. Elle me laisse lécher ses Tupperware après son lunch.

Toute sa vie, mademoiselle Lampion a collectionné les feuilles de route. D'abord celles de son père qui avait fait carrière, mais à la radio privée, lui. Puis toutes celles dont elle avait été responsable. Elle en a accumulé des caisses et des caisses qui ont fini par étouffer les espaces centraux des pièces de sa maison. Elle a vécu ainsi dans un labyrinthe où il fallait mémoriser les dédales pour arriver au téléphone avant la quatrième sonnerie qui déclenche le répondeur téléphonique. Jusqu'au jour où elle eut le courage, longtemps escompté, de ne plus être contenue par ce passé cumulatif et inutile. Sa rédemption a été horticole. Une passion qui vaut bien toutes celles qui la laissent maintenant seule dans son lit avec sa cinquantaine.

Lucette Lampion est devenue une compostrice compulsive émérite. Avec un entêtement digne de la foi du charbonnier, elle en est au compostage des dernières caisses de feuilles de route. Elle arrive à féconder le stérile ! Les terreaux enrichis de toutes ces années d'agencements soigneusement concoctés de contenus radiophoniques produisent chaque année des bouquets de muguet, de gaillardes et d'aspérules qu'elle apporte au bureau comme une écolière apporte une pomme à l'institutrice. Il lui semble qu'au cours des ans, et d'une équipe de réalisation à l'autre, ses bouquets passent de plus en plus inaperçus. Comme si les fleurs perdaient leur parfum. Alors elle tente maintenant de s'intéresser aux graminées. Depuis l'incursion du mal, tout apport de plantes est rigoureusement interdit dans l'édifice. Est-ce pour protéger les plantes ou les humains ? Allez savoir !

Ce matin, elle composterait volontiers un contrat. Depuis quelques années, elle s'explique mal la différence entre le salaire des permanentes hors d'ondes comme elle et les vedettes pigistes qui assument dorénavant l'antenne. Ce matin, elle doit finaliser le libellé d'un autre de ces contrats où un journaliste de la presse écrite vient remplacer à prix d'or un animateur maison qu'on affecte à des tâches moins voyantes. Hier, on lui a demandé la même chose : un comédien, coqueluche de l'heure dans une série télédiffusée racontant la vie d'un célèbre jazzman de Montréal, venait remplacer Frédéric Chambault qui présentait les émissions de jazz depuis des décennies. Son décès s'inscrit dans ce qu'il faut bien appeler l'épidémie mystérieuse. Pour le pauvre Frédéric, ce fut d'abord une multiplication de nodules malins sur les cordes vocales, puis un cancer de la gorge qui a brisé la rassurante habitude de le croiser dans le corridor droit comme une allée centrale d'une église respectable où les différentes chapelles s'alignent à tour de rôle de chaque côté.

– Wouahhhhh. En pissant sur la section « Arts et Spectacles » de l'*Acadie nouvelle*, ce matin, j'ai vu qu'on parlait de Chambault en soulignant sa participation récente au Festival du saxophone acadien qui avait eu lieu sous les auspices de l'Association France-Acadie l'été dernier à Shédiac.

Le responsable de la sécurité, Karl Bottine, se tient derrière son comptoir d'accueil. Il se préoccupe personnellement de vérifier que toutes les nouvelles mesures exceptionnelles de filtrage des visiteurs soient scrupuleusement respectées. Chaque visiteur doit désormais se soumettre à un test de salive, et plusieurs refusent cette intrusion dans leur intimité. Il faut savoir d'où peut bien venir le mal. Les gardes possèdent de petites lamelles de papier test qui changent de couleur au contact de la salive. Selon la couleur qui apparaît, on procède ou non à des examens plus approfondis.

– Wouahhhhh. Dégueulasse. Il en traîne partout, dans les poubelles et par terre, de ces petites cochonneries de cartons multicolores. Si je pouvais au moins connaître les couleurs dangereuses pour les chiens. Mais ils s'en foutent. C'est chacun pour soi, eux.

– Si je refuserais de le lécher, votre maudit carton ?

– Si je refusais... de corriger Karl.

– Vous avez aucun droit de refuser n'importe quoi.

– Je ne parle pas de vous, je parle de votre langue...

– Vous n'avez aucun droit sur ma langue ! Ni ailleurs sur mon corps.

Ce genre de scène se répète fréquemment. La Ligue des droits de l'homme a d'ailleurs convoqué une conférence de presse à ce sujet.

– Tu vois, Cybèle, dit Karl au chien qui détourne la tête de la barre blanche odorante sur les chaussettes bleues, ils réclament un respect de leur intégrité corporelle et ne respectent même pas la langue française ! Dans cette institution qui en est la gardienne depuis si longtemps ! Aucune perspective nationale historique. Dire qu'il fut un temps où l'on pratiquait l'accent de la ville de Lyon, ici. Comme je te le dis. Le français par excellence. Bon, après, on a assoupli le modèle linguistique pour faciliter l'accès aux ondes des professeurs d'université. Mais c'était encore une langue châtiée qu'arboraient obligatoirement nos élites. On est loin du vernaculaire coupable de certaines de nos voix de maintenant... Je me souviens avoir lu qu'une speakerine de l'époque disait que la parole radiophonique devait être empreinte d'un naturel de bon aloi. Tu me suis ?

– Wouahhhhh. Je me demande ce qu'elle pouvait bien sentir dans le genre naturel de bon aloi... Tiens, Bertrand Routhier rentre tôt aujourd'hui. Je le sens. Belle santé, ce joyeux Bertrand. Ça se sent !

Un attroupement se forme devant le comptoir du responsable Bottine. La foule grossit et s'étire en poire vers la sortie et sur le trottoir qui mène, sous un dais, jusqu'à l'arrivée des taxis. Comme si on formait une haie d'honneur de chaque côté d'une civière que poussent lentement deux brancardiers trop fiers de poser devant les badauds et les cameramen qui accourent. Les brancardiers héros d'Urgence Santé reculent même pour reprendre leur arrivée à l'ambulance qui clignote de tous ses feux de vieux travelo. Ils pourront se voir ce soir à la télé. Les téléspectateurs exerceront aussi leur droit à l'information en regardant sortir de Radio-Canada une autre de ses voix connues. La famille de la nouvelle victime du mal pourra ainsi compatir au sort de l'être cher tout en apprenant le drame.

– Un peu de salive, s'il vous plaît, monsieur, répétait Karl Bottine, fier de l'hypertrophie ponctuelle de son importance.

– Heu... Est-ce que tout le monde...

– Oui. Et permettez-moi, monsieur, de vous citer ici la pertinente Faith Popcorn : « La crainte de la maladie est une phobie collective de notre culture. » Et la culture, dans cette maison, monsieur, c'est une nourriture de base. Passez, vous avez un résultat rose. Ça va.

– Rose ? Pourquoi rose ?

– La culture n'est pas le savoir, monsieur. Passez. C'est rose.

L'invité du magazine de fin d'après-midi pâlit un peu et se dirige vers le studio où on l'attend avec un café noir.

– Monsieur Bottine, monsieur Bottine ! Il faut absolument que je vous parle !

Les deux faisceaux du regard croisé comme les broches d'un sourcier ne laissent aucun doute. Le double clic sur l'échine du chien et l'odeur de gomme balloune non plus. Fanelle Webard sue l'enthousiasme et la nécessité.

– Monsieur Bottine. J'ai eu une idée. Forte. Convergente. Votre caméra de surveillance. La caméra de surveillance anti-viol qui donne sur le perron, heu, l'entrée, heu, le parvis...

– Oui, oui. La caméra d'en avant.

– C'est ça. Je voudrais me brancher dessus. Enfin, j'ai pensé qu'on pourrait brancher notre site Web dessus. En permanence. Notre public, vous savez qu'il a encore augmenté hier ? J'ai dû spécialement me calmer hier soir après avoir appris la nouvelle... Ce que je veux dire, c'est que notre public, en écoutant nos deux chaînes sur Internet, pourrait suivre les entrées et sorties de leurs vedettes.

– Wouahhhhh. Et les roulements de civière.

– J'ai même pensé que vous pourriez être comme un commentateur, genre, des descriptions que pourraient faire une amie bien connue, une humoriste. Et en devinant à quelle heure entre ou sort telle vedette...

– Wouahhhhh. Ou quel poste tombe vacant. Ou à quelle heure meurt qui.

– ... on pourrait gagner des visites de la boîte, même des stages de stagiaire !

– Wouahhhhh. J'ai senti un flacon de vodka finlandaise, tout à l'heure, dans le coin derrière l'escalier roulant. Je sais que c'est finlandais, car c'est le deuxième flacon du genre que je trouve. Je crois que je vais aller le lécher un peu.

5

– Wouahhhhh. Quand ça sent le caoutchouc à ce point à la cafétéria, il n'y a aucun doute. Polycarpe Taschereau. Il connaît tout le monde et réciproquement. Il a été déménagé avec les meubles quand l'auguste société s'est construit son gratte-ciel parmi les moins bien nantis de Montréal. Elle avait alors quitté l'Ouest anglophone de Montréal pour se rapprocher de son auditoire, dans l'est de la métropole. Les odeurs de beurre et d'épices provençales des restaurants à la mode ont remplacé les effluves des vieux tonneaux de mélasse du port et de la bière séchée sur les planchers en pin des tavernes de débardeurs. L'Anguirland radote à l'occasion de juteuses histoires de fesses d'époque. Comme le quartier investi est devenu l'épicentre de la culture gaie, il y a continuum historique, comme il se plaît à répéter. Tiens, il est là, Polycarpe. Toujours sur la même banquette près du comptoir à café, le long de l'allée passante où ils entrent tous lentement pour en sortir d'un pas nerveux. Comme si on y entrait pour venir se détendre et qu'on en sortait inquiet de ce qu'on y avait entendu.

Polycarpe Taschereau a, comme on se donne la bonne conscience de dire, bénéficié d'une retraite anticipée. Mais la prime de départ a fondu sans qu'il comprenne vraiment comment à la suite d'un placement dans des entreprises pourtant prometteuses en haute technologie. Il y a plus de dix ans maintenant. Il a hésité à partir, à quitter ses fonctions de réalisateur à la chaîne culturelle où la colonie des écrivains, des acteurs et des pigistes de tous poils venaient lui parler avec déférence. On l'a rassuré en lui faisant miroiter qu'on ferait appel à son expérience et à son talent, ne serait-ce que pour les transmettre aux plus jeunes. Mais la direction a été rajeunie par une petite meute de jeunes loups et de jolies louves qui aspirent tous et toutes à porter la queue en l'air comme l'animal dominant du groupe. Polycarpe attend toujours de retrouver l'importance qu'on lui avait promise. Mais la meute ne rôde pas dans la tour pour apprendre. On arrive des provinces pour imposer l'Ordre Nouveau (le O.N. se retrouvait au début de toutes les études qu'ON invoquait pour justifier le moindre NOUS). Si les anciens patrons avaient secrètement rêvé des cotes d'écoute des radios privées, les jeunes loups fantasment ouvertement sur elles. Le vieux Polycarpe croit encore aux anciennes règles du jeu : la dévotion au rôle de gardien de phare de la Culture. L'époque des admirations qualitatives est victime du putsch de la meute armée, crocs trempés dans une potion magique de chiffres. On laisse Polycarpe radoter en lui payant, à l'occasion, un café. Désormais dépourvu de la carte bénie pour franchir les barrières électroniquées, il arpente le corridor qui ne donne accès libre qu'à la cafétéria, aux toilettes et à la banque incorporée. Dans l'ordre ou dans le désordre.

– Wouahhhhh. Cette maudite odeur caoutchoutée. Espadrille? Rondelle de hockey? Condom? Suces pacificatrices? Pas d'implants que je sais reconnaître facilement depuis que leur odeur de silicone fait partie des corridors. J'ai déjà vu dans ses mains un porte-clés en forme d'œuf sur le plat. Ce doit être en caoutchouc, j'imagine. Je finirai bien par en avoir le nez net.

– Sur quoi travailles-tu ces temps-ci, Taschereau?

– Gros projet. ON ne peut pas encore en parler, mais ça va faire du bruit. J'attends une réponse de Levain d'une journée à l'autre.

– De gros déplacements? Une grosse équipe? Du *prime time*[1]?

– Tu me connais. Des émissions, c'est comme des pigeons voyageurs. Elles retournent d'où elles viennent. Plus tu vas les fabriquer loin, plus elles iront loin... Cette fois-ci... C'est confidentiel, mais je peux bien te dire... Mais garde ça pour toi... Imagine un sujet sous-jacent à la problématique sociale actuelle, du genre une grille d'analyse nouvelle, spécifiquement radiophonique, qui déroulerait un fil d'Ariane jusqu'à maintenant inconnu de...

– Marie-Pénélope! Comment vas-tu? Tellement content de te voir! Vous vous connaissez? Tu as entendu parler de Polycarpe Taschereau? Taschereau, rencontre Marie-Pénélope Gagnon-Gagnons.

– Gagnons-Gagnon.

– Excuse-moi. Tu as deux petites minutes?

– Pas plus. Accompagne-moi vers la banque, si tu veux?

1. Heure de grande écoute.

– On se reparle bientôt, Taschereau. Salut !

– Wouahhhhh. Je les suis ou je reste à la cafétéria ? Aussi bien rester. On a installé un micro et des éclairages. Levain Vespey doit partager ses succès de sondages d'auditoire avec le personnel radio dans une heure. D'ailleurs, les gens concernés commencent à arriver. Je connais ces longues longues jambes. Deux élégants pylônes sur lesquels trône la reine des animatrices intervieweuses, la Marilyse Brazier. Quand elle quitte son studio, en fin d'avant-midi, où les odeurs des plus grands artistes, des vedettes les plus connues, des chroniqueurs les plus cinglants et des plus lumineux penseurs se succèdent dans un Niagara d'odeurs, c'est son odeur fétiche qui vient envelopper les amalgames trop contradictoires. Une petite mandarine séchée, piquée de clous de girofle, qui la suit au fond de tous ses sacs. Une continuité rassurante dans l'abondance des enthousiasmes ponctuels. Depuis quelque temps, un autre objet la suit partout comme une obsession autour de la gorge. Un foulard Kenzo, en lin brossé, qui lui fait une minerve du plus chic, le plus *in*. Mais ON dit aussi qu'elle ne veut pas quitter son émission malgré deux tumeurs malignes au cou... J'entends beaucoup de rumeurs autour de ce cou. Encore hier, l'amidonnée Sidonie Paxillaume, ici même à la cafétéria, disait à qui voulait l'entendre, un tout petit groupe restreint, sa solidarité.

– ... je la comprends très bien, la Marilyse. On ne peut forcer personne à quitter un rôle, un mandat, qu'on lui a confié en toute clarté. Question d'honneur. Quand on te donne une console ou un micro, c'est comme une ordination tacite. Une confiance sacrée. C'est un lien, un engagement, qu'on ne peut briser uniquitairement, uniquitalement, unilaquement, ah ! unilatéralement. C'est à elle seule de décider de partir. Je sais de quoi je parle. Mais je préfère ne pas en perler... parler.

Portant haut et fier, élégant dans son costume en lainage Dormeuse griffé Jehan Gaamach (le couturier à la mode qui attire les grands de ce monde dans sa petite ville de Granby qui a tout de même déjà un zoo), Levain Vespey salue ses ouailles, ses prêtres et ses évêques aux ambitions cardinalices, en avançant vers la petite tribune qui ne peut accueillir qu'un seul orateur.

Cet apôtre de l'Ordre Nouveau en radio publique a vu la brume de la vie en Nouvelle-Écosse, il y a à peine une quarantaine d'années. Sydney. Une ville minière et minée par la répétition systématique des gestes, des saisons, des espoirs déçus, et de ses valeurs assujetties à l'ordre établi et au fatalisme socioéconomique. Quand le temps est gris à Sydney, on se réjouit qu'il ne fasse pas noir de charbon. Sa mère s'est consumée aux deux mamelles de ses passions : la boulangerie et l'enseignement des premiers soins aux mineurs. Elle pétrissait des miches qui ont un jour séduit Giuseppe Vespa (de la célèbre famille italienne de fabricants de scooters). Le Roméo devait subir un stage de formation dans un atelier de fabrication de petites génératrices d'électricité destinées aux galeries de la houillère. Il a d'abord été séduit par les miches de la boulangerie avant de l'être par celles de la boulangère. Il a reconnu avec élégance le fruit de ses appétits qui allait donc porter le nom de son père. Ou presque. Au moment de l'inscrire au registre, le plumitif, qui ne pouvait prononcer le *a* de Vespa, l'a péremptoirement modifié en *ey*. La mère, une Acadienne qui militait dans le mouvement féminin national acadien, tenait à ce que son rejeton porte aussi ses propres traces. Elle le prénomma Levain. De cet ingrédient qui fait lever les choses. Dans une ville qui creuse dans son charbon, faire lever les choses devient un destin pour un poupon. Il allait être fidèle à son destin.

– Bonjour. Merci à vous tous d'avoir été attentifs à mon invitation ce matin. Je tiens d'abord à souhaiter la bienvenue aux quelques-uns d'entre vous qui ont su vaincre leur burnout pour revenir prêter l'épaule au moulin. Nous avons besoin de vous et vous remercions de votre retour. Je tiens à vous dire que votre burnout est tout à votre honneur. Il témoigne du dévouement dont vous avez fait preuve dans votre engagement dans la radio publique et son rôle aussi essentiel que particulier et même spécifique. Bienvenue et bon travail.

« Vous me connaissez, je ne vais pas me dérober devant la situation inquiétante dont on fait état ici et ailleurs. Il semble que certains de nos animateurs soient victimes de malaises... »

– Des morts, sans compter les gravement malades... de persifler la Paxillaume, soudain inquiète d'avoir été entendue.

– ... oui, des malaises parfois malheureusement définitifs. Il ne faut pas s'en cacher, madame Paxillaume. À ce propos, laissez-moi vous informer de ce que certains d'entre vous savent déjà : un comité d'études sur le sujet a été formé de responsables des infirmeries de toutes nos stations régionales pour évaluer la problématique. Leurs compétences convergeront avec celles d'un délégué de la sécurité pour établir si la cause est réellement à l'intérieur ou s'il s'agit d'une coïncidence aux sources extérieures. Une chose est certaine : il n'est pas question que nos micros se taisent. S'il fallait que les membres de la direction, y compris moi-même, assumassassions notre part de présence au micro, nous ne reculerions pas devant l'essentiel de notre mission qui reste de servir le plus grand auditoire possible de Canadiens francophones en leur dispensant ce qu'ils désirent et les contenus dont ils ont obligatoirement besoin.

– Wouahhhhh. Je ne m'habituerai jamais aux odeurs du grand patron. Comment se fait-il qu'il sente la lotion après-rasage *Brut* par-devant et la transpiration par-derrière ? Je vais m'éloigner un peu.

– J'en arrive à l'aspect le plus important de notre rencontre de ce matin. J'ai entre les mains (il brandit une liasse de feuilles brochées comme le premier ministre Chamberlain l'avait fait avec l'entente inutile qu'il venait de conclure avec Hitler avant le déclenchement des hostilités de la dernière Grande Guerre) le dernier rapport BBM (Bureau of Broadcast Measurement). Je ne vous ferai pas languir plus longtemps. Le moment est historique ! Vous m'avez offert, nous avons accompli ensemble, un triomphe de l'Ordre Nouveau. ON défonce tout ce qu'ON a fait jusqu'à maintenant. Je voudrais partager avec vous, ce matin, les détails qui prouvent notre grande utilité sociale. Notre indispensable place sur l'échiquier radiophonique. Écoutez bien. Nous sommes maintenant écoutés par 21 % des francophones hors Québec. Dans la région métropolitaine de Montréal, nous accusons une augmentation de part d'auditoire de l'ordre de 5,8 %! N'applaudissez pas tout de suite. Attendez. Sur l'ensemble du réseau national, l'émission de madame Brazier recueille 17,6 % de l'auditoire possible. Je tiens à rendre hommage à toute son équipe. Merci. En ce qui concerne la dynamique équipe de notre radio réveil, une surprise...

– Wouahhhhh. Si je ne trouve pas un journal tombé sous une table bientôt, je devrai me soulager sur une copie du rapport que ses cérémoniaires ont distribué à tout le monde tout à l'heure. Et, je l'ai déjà dit, j'ai horreur du papier glacé.

6

De passage à Montréal, le président de Radio-Canada est catégorique. Devant toute la presse francophone du pays, Avrum MacDonald cible ses priorités comme un général américain en réunion au Pentagone.

– Merci de vous être déplacés en si grand nombre ce matin. J'interprète votre empressement comme un geste de solidarité envers le péril qui semble menacer notre personnel francophone comme une onde pernicieuse. Au *head office*, à Ottawa, nous nous sentons aussi menacés que notre personnel montréalais. Radio-Canada est comme un immense kibboutz culturel où chacun est solitaire [*sic*] de tous les autres. Ma présence ici, ce matin, en témoigne. Voyons les faits. Le réseau radiophonique francophone déplore la disparition pour un monde meilleur de trois animateurs présentateurs. La santé de quatre autres les tient éloignés de leur travail, et leur sort nous inquiète au plus haut point. *And, as you know*, la santé de plusieurs autres nous incitent à une vigilance attentive. Le comité d'enquête récemment mis sur pied par la direction du réseau français ne nous guide actuellement vers aucune conclusion. La qualité de l'air recyclé de l'édifice a été vérifiée. Rien à signaler. Les trois cent quarante-sept plantes vertes sont au poste et font leur travail. On a mis en question notre système d'alimentation en eau potable. Impeccable. *So what's wrong?* Nous ne savons pas. Nous faisons tout ce que l'on peut faire, mais nous ne savons pas quoi faire. *Clear enough? We still don't know* ce qui cause ces maladies. *So far*, on a diagnostiqué une méningite, deux fièvres malignes, cinq cancers (un de la langue, un autre de la gorge, deux de l'oreille interne, un du cerveau). Les autres cas doivent pour le moment rester confidentiels. Vous comprendrez pourquoi. *Who knows?* Nous offrons nos regrets aux familles concernées. Levain Vespey m'assure qu'il met tout en œuvre avant que la situation ne vienne trop perturber la programmation et les succès remarquables de la radio francophone dont nous sommes très fiers à Ottawa. Des voix sont disparues. *That's a fact*. D'autres ont dû se taire, *yes*. Et certaines vedettes auxquelles le public est habitué sont menacées. Mais la direction française m'assure que tout est mis en œuvre, *I really mean it*, pour que nos émissions suivent leur cours normal. La direction assurera elle-même une présence au micro s'il fallait en venir là. *That's dedication!* Je dois retourner d'urgence à Ottawa, alors je ne répondrai qu'à trois questions.

– Mark-Yvon du Tremblay, chroniqueur sur vos ondes...

– Enchanté de faire votre connaissance.

– Quel est le processus en place pour remplacer ceux et celles qui doivent malheureusement quitter les ondes?

– Il faudrait poser la question à votre directeur général. Mais je peux vous dire que celui-ci m'a assuré, encore pas plus tard qu'hier au téléphone, qu'avec toute la sympathie possible pour nos victimes et leurs familles, il faut savoir profiter du malheur pour... *what did he say*... à toute chose, c'est ça, à toute chose malheur est bon. Leur sacrifice ne sera pas *worthless*. La société se montrera généreuse à leur égard en rationalisant son personnel de vedettes à l'occasion, quitte à favoriser l'accès de nos ondes aux vedettes du privé ou des personnalités de la presse écrite...

– Jusqu'à maintenant, rationaliser, ça veut pourtant dire devenir raisonnable, au sens de se contenter de moins. Si on applique...

– Question suivante. Madame Leyla Shimoun, du canal Much Music, je crois.

– *You heard about the rumor that seems to indicate a possible criminal explanation?*[1]

– *Of course. But it has been*, ça a été écarté. Dans toute l'histoire du monde, les épidémies ont été, *how should we say, demonised*. Démoniaquées. C'est une façon de chercher la source d'un mal. Ça se comprend. Pure fantaisie populaire qui ne s'applique pas aux inquiétudes actuelles. *Next*.

– *Le Journal de Montréal*. Difficile d'exclure l'explication nationaliste, raciste. Pourquoi un virus ou je ne sais quelles bibittes ne s'attaqueraient qu'aux porte-étendards de la culture de la

1. Que pensez-vous de la rumeur sur la possibilité d'un acte criminel?

nation canadienne-française sur les ondes de la radio publique?

– À ce propos, soyons clairs. Excellente question. *I'll go right to the importance of it.* Il faut comprendre... Excusez-moi... *Yes. I understand.* On me dit que je dois malheureusement partir immédiatement. Je suis vraiment navré. À bientôt et merci à tous.

Karl Bottine, bien secondé par un personnel d'appoint, ménage un sentier de fuite au président qui rejoint sa limousine au garage souterrain. Au grand dam des journalistes affamés de faits nouveaux et qui se nourrissent d'hypothèses plus ou moins juteuses, plus ou moins salées.

En se dirigeant vers la sortie, aucun journaliste n'adresse la parole à L'Anguirland qui se dirige avec Cybèle vers le fumoir aménagé entre la banque et la sortie qui donne sur le stationnement des employés. Depuis qu'on lui interdit l'encens en studio, il va en brûler de petits cônes avec les fumeurs.

– Wouahhhhh. C'est vraiment d'une grande richesse d'odeurs cette jonction entre le plancher de terrazzo et les murs de fausses pierres le long des corridors. Il paraît que... Tiens, la toilette des femmes. Étrange. Ça vaut l'arrêt. Je ne me trompe pas. Bel et bien une odeur typiquement masculine qui fuit sous la porte de la toilette des femmes. Pas normal. Il y a anguille sous roche.

Entre la toilette des femmes et celle des hommes, un petit groupe papote à voix feutrées. Il est question de l'excellent journaliste et analyste Mario Caillebost, spécialiste du Moyen-Orient, dont la voix déjà basse atteint, murmure-t-on, presque les infrasons. Au point de songer à quitter peut-être lui aussi l'antenne. Même syndrome pour cette forte nature, Katou Parnasse, débarquée un jour de la radio communautaire pour faire depuis des années la pluie et le beau temps dans le domaine de la chanson sur les ondes nationales. Mais cette Régine des vedettes sophistiquées de la chanson éprouve elle aussi des problèmes de registre vocal. La ménopause ne peut tout expliquer. Les graves de sa voix laissent planer une ambiguïté distrayante. Elle consulte en vain les plus grands spécialistes. Son équipe fait tout pour l'encourager, la rassurer. Mais au-delà des flatteries, l'animatrice sait fort bien que son organe trahit son grand talent francophile.

7

Les journaux anglophones s'acharnent ce matin à déplorer l'état lamentable du pavage des routes de servitude aux abords des ponts de l'île de Montréal. Les trois quotidiens francophones de Montréal, de leur côté, titrent: «LA RADIO EN DEUIL», pour *Le Devoir*, «RADIO-CANADA PERD SA VEDETTE», pour *La Presse*, et «LE MARTYRE DU DISPARU», pour *Le Journal de Montréal*. Certains éditorialistes suggèrent même de fermer la radio d'État pour arrêter l'hécatombe. «LE MARTYRE DU DISPARU» renvoie à la page 3 où l'on peut lire: «La vedette des ondes matinales montréalaises a souffert le martyre au cours des dernières semaines. Il dévorait tout ce qu'il pouvait mâcher. Sans discernement. Certains de ses proches, qui désirent rester anonymes, ont raconté au *Journal de Montréal* que rien ne résistait à sa voracité. Toutes les nourritures y passaient, et le moindre objet mou ou souple ne résistait pas longtemps à sa boulimie de tout ingérer. Il serait d'ailleurs décédé étouffé par la télécommande qu'il a voulu manger. Renversement cynique de situation pour ce communicateur populaire qui affirmait, il n'y a pas si longtemps, que ses trop nombreuses occupations médiatiques bouffaient des années précieuses de sa vie. Tous ceux qui ont été témoins du dérèglement dramatique de ce gentleman de nos ondes nous ont confié qu'il était méconnaissable depuis un certain temps. Les funérailles seront radiodiffusés et télédiffusées samedi prochain en direct et précédées d'un documentaire télévisuel que l'on venait juste d'achever à son sujet. La radio, à laquelle il s'identifiait tant, diffusera, toute la semaine prochaine, une hagiographie comme elle sait si bien le faire depuis quelques années, depuis, en fait, la mise en place du plan décimal de l'Ordre Nouveau. "ON ne va pas passer à côté", a déclaré ce matin le directeur général, ostensiblement affecté par la nouvelle. Excédé par les nombreuses questions concernant le remplacement du disparu aux rênes de l'émission locomotive de Radio-Canada, Levain Vespey a répété qu'il assumerait lui-même le remplacement plutôt que de confier le micro à quelqu'un qui ne serait pas à la hauteur du regretté animateur auquel il restait encore huit ans au contrat. Au département d'oncologie de l'Hôpital juif de Montréal, le spécialiste de la question, le docteur Jules Perron, nous a expliqué que, dans ce malheureux décès du jour, on était face à un cas très rare de cancer foudroyant de l'hypothalamus. Il s'agit, d'après le docteur Perron, du diencéphale situé sous le thalamus, siège de centres supérieurs du système neurovégétatif. Cette région jouerait un rôle capital dans les équilibres vitaux, comme les régulateurs thermiques et les comportements alimentaires. Ce qui expliquerait ce que l'on sait. Le docteur Perron s'est refusé à commenter les causes possibles de ce rare cancer ou les recoupements éventuels avec les autres victimes du mal radio-canadien. À Radio-Canada, on refuse toujours de commenter la situation alarmante et le taux effarant d'absentéisme entraîné par la menace terrifiante qui pèse sur les artisans des ondes qui nous ont tous vus grandir. »

Le troisième sous-sol de la tour de Radio-Canada est une caverne d'Ali Baba. On y trouve d'immenses ateliers où des peintres inventent des paysages urbains qui sentent même le pigeon ou des campagnes d'un temps révolu où les tourtes viennent encore égayer nos ormes et nos assiettes. Du faux plus vrai que nos banales grisailles authentiques. Des décors qu'on peut nourrir de longs corridors d'accessoires et de meubles groupés en un musée de la vie quotidienne d'ici et d'ailleurs. Des ailleurs aussi loin que l'imaginaire ensoleillé de l'hiver trop raisonnable peut nous mener. Le personnel enhardi vient encore y rêver, y pleurer et s'y émouvoir des charmes de coreligionnaires. On vient aussi s'y faire des confidences à l'abri des indiscrétions. Depuis quelques semaines, on se méfie d'autant plus que tout ce qui se confie en studio à micros fermés semble parvenir d'une façon ou d'une autre au palier directorial. Tout a commencé par un téléphone murmuré à Marie-Pénélope Gagnons-Gagnon de la part d'une Fanelle Webard fébrile.

– Marie-Pénélope Gagnon-Gagnon, s'il vous plaît.

– Gagnons-Gagnon. *Whatever-smart*, c'est moi. Fanelle ?

– Oui. Tu peux me rejoindre aux accessoires ? À l'intersection des vieux frigos et des têtes de bisons ?

– J'arrive.

Elles ouvrent toutes grandes deux portes de vieux réfrigérateurs du temps de l'année sainte. Elles se dissimulent ainsi comme entre deux épais paravents blanc jauni. En ne parlant pas trop fort, leurs propos se conserveront discrètement au fond des inutiles étagères de broches chromées. Sous le regard éteint d'une énorme vieille tête de bison.

– J'aimerais ça, faire comme toi. Mais j'ai tellement peur que ça fasse mal, un anneau à l'arcade...

– C'est pas pour parler *full* beauté qu'on se cache ici, mettons ?

– Non. Y paraît que t'as un plan... disons intéressant de renouvellement...

– Hyper *cool*. Je les ai tellement trouvés *grunges* à la réunion, l'autre fois, que j'en ai *blowé* une pas pire. *Check* ça. D'abord on réviserait boutte pour boutte l'échelle des cachets. À partir d'une cote. De LA cote d'*exposure*. Si que t'es *hot* dans les cafés et les restos, un point, si que t'es *hot* à tévé, un autre point, si on parle de toi dans les journaux et les revues, encore des points. *Whatever-smart*. Fa que plus t'es *hot*, plus t'es payé, pis plus t'es payé, plus on te donne du *prime time* dans l'horaire ! On peut pas se tromper, fis-toi su moé.

– Extraordinaire. Faudrait tester tes indices de popularité avec notre site Web. Je vois déjà comment. Super !

– C'est rien. Écoute ben. Y a un problème ici à la radio. J'ai étudié ça. Les animateurs survivent trop à leur cote *hot*. Ça bloque le renouveau et les jeunes. Fa que, écoute ça, c'que j'vas leur dire. Mais faut que tu soyes avec moé là-dessus.

– C'est moi qui t'ai parrainée dans la boîte. Je tiens à avoir eu raison, voyons !

– Cool à mort. À chaque mois, le public vote pour en flusher un. Pis on le remplace par un des gagnants d'un Radio Académie ben ben organisé. C'est pas mettre Radio-Canne sur la *map*, ça ? *Whatever-smart* !

Elles se tombent dans les bras sous le regard étonné du bison empaillé. Sans prévenir, les huit bagues gothiques de la consultante suivent l'échine et les filets mignons de Fanelle vers le sud du dos, provoquant égratignures et frissons au passage.

8

Levain Vespey transpire d'enthousiasme. Il caresse le nouveau modèle de pointe du fabricant scandinave Eriikiä. Ce révolutionnaire téléphone portable possède une coquille en tétrypdène brossé qui présente, à s'y méprendre, une texture de peau. Même sensation d'érectilité quand on le réchauffe au creux de la main, même hérissement au froid.

– Wouahhhhh. Mais l'odeur est la même. Acide.

Karl Bottine, au signal du fier Vespey, étale tout un choix de cette dernière merveille. Les téléphones existent en sept couleurs. Blanc rosé, blanc tacheté de roux, rouge marbré, noir, jaune, vert strié de rose, ambre olivâtre.

– Et, messieurs, ils ne sonnent pas. Ils s'expriment ! On peut choisir le signal selon ses humeurs : murmure, chant, cri, signal normal. J'ai réglé celui-ci sur normal. Vas-y, Karl. Appelle-moi.

Et l'objet de convoitise frémit avant de laisser entendre une voix de haute-contre moduler : « Ici Eriikiä CRF. Levain, un certain Karl souhaite vous parler. » Les membres de la Communauté des radios francophones se regardent mi-figue, mi-raisin en caressant voluptueusement, chacun dans sa main, l'exemplaire qu'on vient de leur remettre. La CRF est formée des directeurs de radios publiques de France, Belgique, Suisse, Côte d'Ivoire, Bénin, Monaco, Israël et Roumanie. Et puis c'est la cohue. On n'écoute plus l'exposé du directeur canadien. Chacun réclame, du haut de sa fonction, un exemplaire de la couleur de son choix.

– Wouahhhhh. Ici, sous la table, tous ces pieds de couleurs différentes, et ces chaussures plus ou moins pointues sentent à peu près la même chose. Il faut monter pas mal plus haut pour voir des différences.

– Messieurs. Messieurs ! Madame. Messieurs ! Notre responsable de la sécurité, Karl, va maintenant vous démontrer une qualité qui vous étonnera avant de vous satisfaire. Vas-y, Karl.

On découvre alors que les nouveaux Eriikiä disposent d'une commande dite exécutive qui permet d'en programmer l'apparence. On peut choisir la race de son téléphone ! Certains directeurs y voient immédiatement des applications politiques qui pourraient assurer leur avenir personnel et collectif... Levain Vespey réclame alors le silence et s'affuble d'un air grave auquel ses traits ne sont pas vraiment habitués.

– Nous abordons maintenant, messieurs et madame, un aspect particulièrement sensitif, comme on dit à Washington. Ces merveilles peuvent vous informer du climat de confiance envers la direction de vos institutions respectives. Une fonction confidentielle permet en effet de capter les dynamiques de travail qui animent vos équipes de production. Monsieur Bottine pourra vous expliquer personnellement la marche à suivre pour utiliser ce moyen aussi discret que précieux d'une saine gestion d'un personnel qui ne comprend pas toujours, il faut bien le dire, la convergence de la spécificité des ondes publiques et des impératifs politiques qui nous obligent à rejoindre toujours plus de citoyens, toujours plus de contribuables. Nous allons faire une pause. Un goûter et des rafraîchissements et remontants vous sont disponibles dans le corridor attenant.

On y avait affecté Sidonie Paxillaume...

– Wouahhhhh. Pas besoin de la nommer. Ça sent le Arm & Hammer plus fort que la transpiration de la Paxillaume. Faut presque se concentrer pour ne pas rater les odeurs de saumon fumé, de coulibiac, de chocolatines, de beignets à l'érable, de Stilton et de P'tit Salé des Îles. Les vins sont les mêmes que d'habitude, les préférés du patron : Tokay et Orpailleur. Soyons patients. La Paxillaume gaffera, comme d'habitude, et je lécherai ma part.

– Oh ! Perdon ! Escusez-moi !

– Wouahhhhh. Tiens. Qu'est-ce que je disais ? À moi plutôt qu'au balayeur. Au nombre de patrons présents, il va pleuvoir des miettes, ça ne sera pas long.

Sidonie Paxillaume ne tient pas en place. On la dirait moins sûre de ses vérités, plus gaffeuse qu'à l'ordinaire. On dirait même qu'elle va pleurer. Évidemment, quand on est une recherchiste émérite, une réalisatrice de long métier qu'on invite à la retraite, et qu'on est affectée au buffet d'une réunion d'avant-midi... Il y a de quoi se préparer un cocktail de neuroleptiques et trinquer aux incompréhensions patronales. Ce qu'elle a fait généreusement en aménageant son pupitre et celui de son assistante en table de service. Un affront à sa compétence. Un affront qui se répète comme une colique récurrente au duodénum depuis qu'elle occupe le recoin jouxtant la salle de réunion. Elle en a parlé à l'adjointe de direction, au syndicat. Aucun écho. Sauf du perroquet qu'on lui permet de garder au travail sur recommandation du service de santé sanctionné par le Comité paritaire d'aide aux employés déplacés. Est-ce la présence animale, tout simplement, ou la répétition inexorable du discours du volatile?

– Wouahhhhh. Et qui est pris pour faire le tri sur le plancher entre les miettes de pâtisseries et les crottes du plumé? Ça donne envie, tout ce léchage. Il y a toujours des journaux au fond de l'impasse du corridor. Et oui. *Le Journal de Montréal*: «Radio-Canada se tait.» *Le Soleil* de Québec: «La vieille capitale sera-t-elle épargnée du fléau montréalais?» Tiens. Ça fait longtemps que je n'ai pas pissé sur Québec. Personne ne fait attention à moi. Allons-y.

À tour de rôle, les délégués directoriaux quittent la salle de réunion. L'œil hagard, comme on dit dans les romans noirs. Au bout de trop de désertions, on ajourne, inquiets. Le fléau, comme on dit dans la vieille capitale, s'attaquerait-il maintenant à la direction? L'hôte, qui vient tout juste de recevoir la Médaille du Mérite éducatif du Bénin, est inquiet et se retourne vers Karl. Celui-ci le rassure du regard.

– C'est impossible, monsieur Vespey.

On n'apprendra jamais la culpabilité du perroquet de Sidonie Paxillaume.

Ce matin même, pendant que celle-ci dressait le buffet, la larme à l'œil et le sac à main ouvert sur la provision de mouchoirs en papier, le perroquet avait osé faire ce qu'il avait entendu marmonner à sa maîtresse. Il avait ouvert tous les flacons de neuroleptiques et d'antidépresseurs et avait incorporé les médicaments dans les victuailles, le café, les jus, le Tokay et l'Orpailleur.

9

Lucette Lampion se fait une gloire de toujours avoir été une besogneuse ponctuelle. Depuis près de trente ans, maintenant. Sa régularité en tout la rassure. Dans sa vie plus répétitive qu'ordonnée, il y avait toujours place pour l'imprévu, l'impromptu, le rêve, l'aventure, l'inattendu. À condition que ces fantaisies se situent entre les gestes répétés aux mêmes heures. Il fallait que les déroutes croisent ses routes habituelles à intervalles prévisibles.

Il est neuf heures vingt. Lucette Lampion entre dans l'édifice. Comme tous les matins, elle se trouve zélée de rentrer si tôt. Elle sera encore la première au bureau aujourd'hui. Un jour, elle aura peut-être le courage d'arriver la dernière, d'un pas lent et les mains vides, mais, pour le moment, elle traîne quelques sacs d'objets hétéroclites indispensables. Une habitude a toutefois disparu. Plus d'arrêt à la cafétéria pour aller chercher un café et un scone à la cannelle. Dans son credo sur les combinaisons alimentaires, Shelton affirme que le café est un irritant pour l'intestin. Et dans sa famille, on a l'intestin fragile. « Problème de *guts* », affirmait son frère du temps de l'adolescence dorée. Mais c'est une autre histoire. Plus de café. Il faut savoir briser des habitudes. Alors, le scone à la cannelle est relégué au vendredi matin, comme pour confirmer au palais le bon goût des espoirs de fin de semaine où elle pourra prendre ses distances de cet employeur en en parlant à d'autres interlocuteurs que les confrères et consœurs. Il faut savoir changer de sujets.

Mais, ce matin, elle croit remarquer une épidémie de rhume, puisque plein de gens tiennent discrètement au creux de leur main un mouchoir en tissu en se murmurant Dieu sait quoi les uns les autres. Les regards sont fuyants. À son étage, les portes de l'ascenseur s'ouvrent sur le chroniqueur Mark-Yvon du Tremblay souriant et encadré de deux policiers en uniforme suivis de quelques autres transportant des caisses de ce qui ressemble à des contenants de papier hygiénique. Elle n'aime pas la violence de l'imprévu inexplicable et se dirige vers son bureau. Elle y dépose ses sacs et en ordonne le contenu dans les bons tiroirs. Ouvre l'ordinateur pour aller chercher les courriels destinés à l'émission et imprimer des feuilles de route destinées à ses compostages. Aussi bien le faire pendant qu'il n'y a personne autour. Plusieurs courriels critiquent le choix de chansons de cette émission devenue une chapelle votive où la moindre initiative de l'animatrice autoconsacrée vedette essentielle au milieu de la chanson devient *ipso facto* ex-voto pour les disciples de la secte de la tranche horaire de la sieste. Lucette applique le rituel imposé : elle imprime les courriels laudateurs et garde pour elle et ses compostages les messages négatifs de ceux et celles qui ne comprennent rien, de toute façon.

Ces temps-ci, la controverse des fidèles s'agite autour du drame vécu par l'animatrice. Tant d'années à convertir l'accent québécois en celui de Nogent-sur-Marne à force « du petit vin blanc qu'on boit sous les tonnelles quand les filles sont belles ». La Katou Parnasse (alias Linda Tékakouita) avait pourtant réussi à se transformer en Jeanne d'Arc de la chanson ! Mais le mal qui répand la terreur, comme disait l'autre, la prend elle aussi à la gorge. L'oto-rhino est formel : double nodule sur une corde vocale et un calvaire de bouton su'l bout d'la langue qui l'oblige à rouler ses *r* au point de devoir annuler toutes présences souhaitées aux francophonneries de tous poils de la mère patrie adoptive. Lucette Lampion s'amuse de la situation, mais discrètement. Après le téléphone rituel à sa mère, histoire de s'assurer que les problèmes maternels demeurent les mêmes, c'est l'heure de ses mouvements intestinaux. Elle range les critiques hors de la vue des destinataires, question de protéger leurs enthousiasmes virginaux.

En arrivant à la toilette des dames, au détour de l'agora qui donne accès aux ascenseurs, la porte s'ouvre énergiquement. Marilyse Brazier, la brillante causeuse des avant-midi de la première chaîne, sort en ajustant sa minerve.

– Lucette ! As-tu vu ça ?

– Vu quoi ?

– Ils l'ont arrêté pour ça ! Insensé !

– Vu quoi ?

– Tu vas voir...

Tout cet énervement n'aide pas les mouvements intestinaux de madame Lampion dont la famille, à ce sujet, mais nous l'avons déjà évoqué... Le papier hygiénique est à l'endroit habituel, sur sa droite, à la limite de sa vision périphérique. Elle se dit qu'ils ne devraient pas utiliser de papier de couleur, parce que, sur le plan environnement...

– Qu'est-ce que c'est que ça ?

Le papier hygiénique semble gris. Mais non. Il est imprimé sur toute sa surface ! En tous petits caractères.

– Ça ne doit pas être hygiénique, de l'encre...

Elle déchire sa longueur habituelle et se donne la peine de lire.

- -

Ni commerciale ni étatique, la radio publique trouve sa raison d'être dans le seul accomplissement du service public. C'est la radio du public ; elle s'adresse à chacun en tant que citoyen. Elle encourage l'accès et la participation à la vie publique. Elle développe les connaissances, élargit les horizons et permet à chacun de mieux se comprendre en comprenant le monde et les autres.

- -

La radio publique se définit comme un lieu de rencontre où tous les citoyens sont invités et considérés sur une base égalitaire. C'est un outil d'information et d'éducation, accessible à tous et s'adressant à tous, indépendamment du statut social ou économique des uns et des autres. Son mandat ne se limite pas à l'information et au développement culturels. La radio publique doit aussi meubler l'imaginaire et divertir. Mais elle le fait avec

- -

un souci de qualité qui doit la distinguer de l'audiovisuel commercial.

Parce qu'elle n'est pas soumise aux impératifs de la rentabilité, la radiodiffusion publique doit faire preuve d'audace et innover, en courant des risques. Et lorsqu'elle réussit à développer des genres ou des idées qui font leur marque, elle peut imposer des standards élevés aux autres chaînes, auxquelles elle donne alors le ton.

Pour certains, l'importance du diffuseur public est telle qu'ils écriront, comme le fait le Britannique Anthony Smith en parlant de la British Broadcasting Corporation – perçue par plusieurs comme le berceau du service public –, qu'elle a « probablement été le plus important des instruments de démocratie sociale du XXe siècle ».

C'est à l'explication des traits qui distinguent la radio de service public qu'est consacré le présent document. On y décrit ce qu'elle est, en définissant les principes sur lesquels repose son existence. De ces principes découlent certaines missions spécifiques, un mode de financement particulier, une programmation distincte, de même qu'un rapport au « public » qui lui est propre. L'objectif de ce document, qui s'inspire de

la documentation abondante qui existe à ce sujet, est de présenter, en quelques pages et de façon concise, aussi bien la raison d'être de la radio publique que le modèle d'organisation sur lequel elle doit reposer.

Un rappel historique permet d'abord de situer le modèle public en le comparant avec les modèles d'État et commercial. Cette étape est importante

- -

pour comprendre les raisons qui ont présidé à la mise sur pied des radios publiques. Ces motifs aident à saisir, malgré les nombreux changements qui ont marqué l'évolution de la radio et de la télévision, le rôle particulier qu'on assigne encore aujourd'hui aux diffuseurs publics. La deuxième partie du texte est consacrée aux principes qui fondent le service public, au mandat et au financement d'un Sept segments. C'est la longueur de papier

- -

hygiénique que déchire depuis toujours Lucette Lampion, machinalement. Le texte est extrait, elle le reconnaît fort bien, d'un récent rapport d'un organisme mondial regroupant des radiodiffuseurs publics. Une déclaration officielle entérinée et largement diffusée par les patrons de la radio à leur retour de la réunion ad hoc tenue début février aux Seychelles.

10

Les photos à la une des journaux, ce matin, évoquent la page d'accueil du site ornithologie.com. Des oisillons, le bec grand ouvert, groupés autour d'oto-rhinos mandatés par la Commission de la santé et de la sécurité au travail. Tous les animateurs, dont la santé le permet, subissent cet examen obligatoire pour tenter de déterminer la cause du mal qui répand la terreur (Ça va, La Fontaine, assez fabulé !) dans tous ces gosiers d'or. Aux récalcitrants, on cite la loi entrée en vigueur le 19 août 1985, qui prévoit « un régime de réparation des lésions professionnelles s'appliquant à tout accident du travail et à tout décès survenus le ou après le 19 août 1985, ainsi qu'à toute maladie professionnelle pour laquelle une réclamation a été faite à compter de cette date et un régime d'indemnisation pour tout accident du travail et tout décès survenus avant le 19 août 1985, ainsi qu'à toute maladie professionnelle pour laquelle une réclamation a été faite avant cette date ».

Mais le litige est inversé. Les animateurs s'insurgent contre la coercition exercée contre eux pour les forcer à abandonner le micro et à « bénéficier », en conséquence, des compensations prévues par la loi et généreusement bonifiées par la direction. La rumeur publique des beaux quartiers s'enfle de discussions enflammées sur l'accès aux ondes publiques, un droit ou un privilège? Pour les autres, deux questions alimentent les conversations : qui est coupable du mal? Ou : qui remplacera qui? Comme si l'on assistait à une immense opération de radio-réalité, où le mal et son auteur décident du sort de ceux qu'on croyait invulnérables. On se passionne, dans les centres communautaires, les salons de coiffure à la mode et les boulangeries artisanales, pour cette soudaine fragilité de la célébrité qu'on avait tendance à croire immunisée contre tout anonymat. Mais, à court terme, le mal condamne à l'anonymat la moindre vedette du micro, quelle qu'elle soit. Que sa tranche horaire ait fait de ses propos en ondes une habitude ou un patrimoine, pour elle ou pour les autres : *Amen*.

Dans un geste à la Salomon, la direction de la radio tente de rassurer les oisillons dont on scrute la gorge comme pour y découvrir une perle, une boulette empoisonnée, un aggloméra suspect, ou même un résidu de la mortelle coccinelle de Tchernobyl. Allez savoir. Elle offre de garantir l'exclusivité de l'accès au micro et les tranches horaires jalousement convoitées aux détenteurs de fait du titre. En cas d'absence non souhaitée mais prévisible, aucun autre syndiqué n'occupera le fauteuil. La direction assumera alors la présence en ondes jusqu'au rétablissement des gorges affectées.

Les syndicats fulminent. Ils maintiennent leurs prérogatives absolues sur la prise de parole en ondes. Les purs et durs évoquent le passé de «briseurs de grève» de certains patrons. Le sage L'Anguirland prend la parole.

– Il n'est peut-être pas dans l'intérêt même de la direction d'assumer ces remplacements. Il fut un temps, je me souviens, où les patrons, issus de la base, connaissaient bien le métier en studio. De nos jours, leurs exceptionnelles études administratives ne leur ont pas permis de faire leur classe devant des micros. Il se pourrait, en tout respect, qu'ils enclenchent une descente des cotes d'écoute dont ils ne pourraient que difficilement remonter... D'autre part, je suis bien placé, en ondes depuis plus de trente ans, pour comprendre le sentiment d'appartenance exprimé par les animateurs dont la santé inquiète. Il faut respecter cette attitude. Et l'auditoire s'exprime abondamment par courriel, surtout, pour appuyer les animateurs. Certains se disent même désemparés quand on fait quelque changement en ondes. Je suggère donc que, dans la mesure du possible, on diffuse des reprises d'émissions. Pour des périodes ne dépassant pas deux ans. C'est une stratégie qui m'a bien servi.

– Wouahhhhh. Je me demande si les cheveux blancs, pour cet homme, mon maître, ne sont pas autant de capteurs de sagesse, d'émetteurs calmants. Comme tout ce qui est blanc et qui suscite la sympathie. Les blanchons, les bélugas, le harfang des neiges, les chevaux arabes ou les Grands Pyrénées comme moi. Pour toutes les espèces, le blanc laiteux rassure, croyez-moi.

– Mes cheveux blancs me permettent de vous rappeler que la vie est faite de hauts et de bas. J'en sais quelque chose. Des montagnes russes en quelque sorte. Je voudrais paraphraser ici un auteur que j'ai cité abondamment lors de ma dernière émission. Paul Coelho. Il a écrit que, prisonnier d'un wagon de montagnes russes, il avait peur des courbes, peur de vomir. « Mais, d'ajouter Coelho, si j'ai la conviction que les rails sont mon destin, que Dieu dirige la machine, ce cauchemar se transforme en excitation. »

Le silence, depuis toujours source d'inquiétude à la cafétéria, vient lourdement recouvrir les tables. Comme une épaisse couche de mozzarella sur une pizza coupable de ses ingrédients. La Commission de la santé et de la sécurité au travail vient d'envahir le rendez-vous des vinaigrettes. Des douzaines d'inspecteurs spécialisés en biodétection, recrutés parmi les employés récemment mis à pied chez Desjardins Sécurité, passent méticuleusement en revue TOUTES les gorges, brandissant leurs cotons-tiges comme les lances vengeresses de chevaliers wagnériens.

Tout le personnel se retrouve la tête penchée vers l'arrière, la bouche grande ouverte, chœur de donneurs involontaires à cette collecte de salive. On en bave, mais on fera la une de toute la presse internationale, de toutes les télévisions du monde civilisé. Et les cotes d'écoute de la radio d'État francophone canadienne atteindront des sommets presque commerciaux dans Internet.

Fanelle Webard, aux odeurs de pomme-cannelle...

– Wouahhhhh. Hey ! C'est moi qui m'occupe des odeurs dans ce récit. Surtout de ma Fanelle que j'aime.

Fanelle Webard, jusqu'à maintenant responsable des nouveaux médias, sera dès lors promue responsable supérieure des nouveaux médias. Le strabisme de son regard charmeur s'accentuera, comme celui de l'alignement de ses mamelons.com.

11

– Wouahhhhh. Ses semelles sont usées jusqu'à la colle. Elles sentent bizarres. Et ça brille. Ses pieds sont posés sur le barreau d'un tabouret et je vois nettement un lacet brisé. Impossible d'aller sentir de près. L'odeur caractéristique de caoutchouc ne laisse aucun doute : c'est le vieux Polycarpe Taschereau qui joue avec sa langue dans le fond de sa tasse d'espresso comme s'il frenchait les jeunes hippies minijupées à l'Expo 67.

Le vieux retraité a perdu l'heure comme on perd le Nord. Il est désemparé sur son tabouret du comptoir à café. À son réveil, ce matin, sa montre indiquait deux heures moins dix.

« Arrêtée en pleine nuit », se disait-il à deux heures moins dix ! À l'heure exacte d'une montre bas de gamme, une Timex.

Pendant de longues et vieilles années, toutes les images publicitaires de Timex vantaient des montres dont les aiguilles étaient invariablement figées à deux heures moins dix.

« Deux heures moins dix... Je ne suis pas certain de vouloir savoir à quoi je rêvais cette nuit à cette maudite heure-là. Une heure Timex. Ma Breitling Professional me faire ça. Une trahison. Comme une condamnation à m'arrêter. Je l'avais achetée à Genève même. C'était la réunion de la

Communauté des radios francophones de 1974. J'y avais présenté mon concept de revue de presse à quatre voix... Genève. Les voyages et les complicités développées avec les patrons... Je braillerais de devoir me résoudre à porter une montre comme tout le monde. Maudit lacet aussi. Va falloir que je m'en achète un autre. Mon temps s'arrête, et mon espace se limite à cause d'un maudit lacet ! Contraint au poignet et à la cheville. Esclave du vieillissement. Emprisonné dans un âge tabletté. *Fuck*, les larmes encore ! »

– Cou donc, as-tu le rhume, le vieux ?

Marie-Pénélope Gagnons-Gagnon...

– C'est ça, *right on*.

...vient chercher un allongé « pour apporter ». À la cafétéria, il y a ceux qui ont le temps de s'asseoir et les autres. Quand on peut s'asseoir, c'est que l'on concocte un projet ou qu'on attend fébrilement une réponse, un genre d'imprimatur, de bénédiction papale. Quand on ne prend que le temps d'attraper un café au passage avant d'aller se faire avaler par l'ascenseur, on fait partie des célébrants médiatiques en exercice.

– Ton Kleenex, c'est-tu du placement de produit, ou ben donc que t'as le nez un peu magané ?

– Ah, salut. Marie-Pénélope, sais-tu que j'ai connu ton père ?

– Cool.

– Il était encore président de la Commission des transports en commun de la Rive-Sud quand il a eu son ACV ?

– Son hostie d'ACV. C'est-tu ben le temps, à matin, de me parler de son hostie d'ACV ?

– Excuse-moi, je ne voulais pas...

– Je vais vous le dire, monsieur Taschereau...

– Appelle-moi Pol, on fait partie du même milieu.

– Moi, monsieur Taschereau, avant le... L'affaire... *Whatever-smart*, j'étais la fille d'un homme beau, important. *Well*, là, à baver dans sa chaise roulante, puant, c'est pu un père.

– Tiens. Prends un Kleenex.

– *Shit !*

– Viens t'asseoir dans le fumoir, là-bas.

– Non. Y a du monde.

Dans ces cas-là, quand il faut cacher ses émotions au lieu de se vanter de les provoquer chez l'auditoire, il y a l'escalier. On prend l'ascenseur pour s'y affirmer, s'y faire voir. On ne prend l'escalier que pour profiter des entresols pour s'y essuyer les larmes. Rarement, depuis le sida, pour y abreuver quelque soif d'aimer.

Marie-Pénélope s'assied sur la dernière marche avant le palier entre le rez-de-chaussée et le premier sous-sol. Le retraité est resté debout devant elle. Les genoux relevés de la jeune consultante à la mode offre au regard embué de Polycarpe la vision de ce string enfoui dans une fente sombrement duvetée. La nudité intégrale est plus stimulante que la tentative d'érosion de ce filet de fibres synthétiques *made in China* au creux de la chair encore fraîche. Comme l'eau innocente qui finit par transformer un ruisseau rieur en traîtresse rivière. Taschereau préfère prendre place aux côtés de Marie-Pénélope qui mouille Kleenex sur Kleenex, enragée d'une telle vulnérabilité, toute nue devant un homme de l'âge de son père avant l'ACV.

– S'il fallait qu'on nous voye...

– Je dirai que c'est moi qui ne me sens pas très bien. De toute façon, c'est moi qui avais le Kleenex à la main le premier, non?

– Parce ce que moi, chu *hot*, pis là, ça pourrait me faire refroidir le *hot* si...

– Je vais te couvrir là-dessus. Fais-moi confiance, hein? Pour une fois que je me sens utile ici... Tu sais, quand tu parles de l'importance de ton père, c'est comme si tu me parlais. On se connaît peu, je l'admets, mais soyons complices. La vie nous offre cette occasion, profitons-en.

– *Bullshit.*

– Non, écoute-moi. T'as l'impression que tu as perdu ton père quand il a perdu, lui, son importance. Je vais t'en parler, moi, de l'importance. Moi aussi, j'en ai eu. Moi aussi, je l'ai perdue. Tu sais d'où ça vient, l'importance? Ça vient de l'accumulation de tes utilités. Plus t'es utile à plus de monde, plus t'es important. Le problème, c'est que ton utilité se mesure au degré de dépendance des autres à ton égard. C'est pour ça que les patrons se croient importants. Si ton père ne t'était pas utile, tu ne braillerais pas comme tu le fais maintenant. Tous ces Kleenex témoignent de l'utilité de ton père. Si ton père voyait tous ces Kleenex, il se saurait utile. Il pourrait devenir important à tes yeux et peut-être même aux siens.

Mais il faudrait qu'il le sache. Il t'est utile puisque tu le pleures. Dis-lui. Ce n'est pas ton patron. Les patrons communiquent leur importance par des mandats et des chèques. C'est concret. Ça ne laisse aucun doute. Ton père, ce n'est pas une carte d'affaire, une identité. Tu n'es pas la fille d'une carte de visite. Tu es la fille d'un homme qui mouille ses joues parce qu'il ne peut plus porter ses Kleenex à ses yeux.

Elle exhume toute sa réserve de larmes dans les bras de ce retraité qu'elle méprise tout de même, reniflant dans le chandail scandinave de Polycarpe qui humecte, lui, la toison hirsute et bicolore qui orne le crâne de cette petite fille qui joue les Mowgli dans la jungle médiatique.

Ce soir, elle visionnera, peut-être pour la millième fois, sa vieille cassette du *Roi Lion* en serrant contre elle son lion en peluche absorbante.

12

Une île. Une oasis de richesse dans un désert économique. Jadis, la congrégation des sœurs grises l'a vendue à des promoteurs qui y ont bâti des *town houses*, des tours de verre. Le large bord du grand fleuve Saint-Laurent épure les effluves de la pollution montréalaise. Le centre-ville à portée immédiate grâce à de rutilantes cylindrées aussi énergivores qu'inutiles. Le privilège d'admirer les gratte-ciel s'élancer vers les sommets de la réussite, tentant, dans leur verticalité lumineuse, de dépasser la croix illuminée sur le mont Royal. Du haut de son succès, un kir framboise aux lèvres, contempler les lumières de la réussite sans que le regard satisfait ne soit gêné par les faubourgs étalés entre l'Île et le centre de la métropole. Au cœur de l'île, le club de tennis dont la carte de membre est un accessit aux élus d'ici-bas. Les baptisés y nagent dans un protestantisme sournois, se renvoyant la balle des petits pouvoirs. C'est un monde de filets dans lesquels on tisse un maillage d'affaires, d'ambitions, de chapelles et d'élégants adultères de jour. Les abonnés et leurs invités de prestige se retrouvent dans un bain tourbillon mixte en forme de raquette. On s'y fait vibrer la nouille comme dans un Tampico hors foyer. Comme dans les célèbres soupes japonaises, on y trouve légumes et viandes qui gagnent tous à se perdre discrètement dans le bouillon assez agité pour laisser plus deviner qu'il ne laisse voir.

Les ingrédients du jour : un « columnist » de sports professionnels, un publiciste, une ancienne star de cinéma local mariée à un importateur sud-africain, une jeune auteure de téléroman, un entraîneur privé, le premier secrétaire du consulat de Tonga, deux clientes assidues, le fils désœuvré d'une dynastie industrielle, un évêque argentin devenu masseur, deux invitées silencieusement séduisantes, un criminaliste pédéraste, Karl Bottine et son invité, le représentant des téléphones cellulaires Eriikiä. Le Finlandais ne s'émeut guère de ces corps qu'on devine dénudés dans le bouillon convivial.

Les regards tiennent lieu de conversations.

L'Anguirland, qui ne tourbillonne plus dans ces bains depuis longtemps, citerait Coelho qu'il a toujours au bout du propos ces temps-ci : « Certes, mon destin peut paraître plus illicite et marginal que celui des autres ; mais dans cette quête du bonheur, nous sommes tous à égalité : aucun de nous n'est heureux. » Une caisse en aluminium interrompt le cercle des boulettes de maillots chiffonnés autour de la grande soupière.

De l'intérieur de la caisse, on entend une jolie voix : « Ici Eriikiä CRF. Karl, un certain Levain Vespey souhaite vous parler. » Karl se précipite, se lève en exposant le blanc insipide de ses fesses rebondies en se retournant vers la caisse dont... « Ici Eriikiä CRF. Karl, un certain Levain Vespey souhaite vous parler. »... les doigts mouillés arrivent difficilement à tirer la bobinette pour permettre à la chevillette de cherrer. « Ici Eriikiä CRF. Karl, un certain Levain Vespey souhaite vous parler. » Une partie non négligeable des bouillonnés sait fort bien qui est ce Levain Vespey qui vient souvent tenir audience au club. Recevoir ostensiblement un appel de lui ajoute évidemment au prestige du destinataire. On en oublie même ses fesses. « Ici Eriikiä CRF. Karl, un certain Levain Vespey souhaite... »

– Oui ? C'est moi.

– ...

– Je suis avec lui en ce moment. À l'île des Sœurs. Au tennis.

– ...

– Dans le bain tourbillon. Je vous rappelle plus tard ?

– ...

– C'est ça. Oui, oui. Sans faute. À plus.

La direction de Radio-Canada s'excuse du dérangement et me prie de vous offrir une primeur. Monsieur Sepällyä, ici à mes côtés...

– Seppälä.

– ... Seppälä, comme je disais, représente les téléphones cellulaires Eriikiä et se fera un plaisir de vous l'expliquer.

– Suomi-Seura r.y. on maailmalla Eriikiä olevien, sinne lähtevien ja sieltä palaavien suomalaisten etu-, asiantuntija – ja palvelujärjestö. Suomi-Seura välittää ajanmukaista Eriikiä Suomi-kuvaa maailmalle ja tekee ulkosuomalaisuutta tunnetuksi myös Suomessa Eriikiä pissciinen.

Le responsable Bottine montre une dizaine des nouveaux produits Eriikiä en inclinant la caisse et explique à la ronde qu'il s'agit de la nouvelle génération de téléphonie cellulaire et, qu'à titre de privilège pour les membres du club et leurs invités, le représentant se fait un plaisir tout scandinave de dévoiler discrètement, ici, ces objets non seulement sensuels mais submersibles. Le Finlandais se lève, nullement intimidé par le ratatinement de sa queue qui ressemble à une tête de tortue des Galápagos à l'approche du danger. Il présente la caisse d'aluminium comme s'il s'agissait d'un plateau de hors-d'œuvre rares et raffinés.

Le lecteur se souviendra ici des particularités de l'objet dont on dit plus tôt dans ce récit : « Ce révolutionnaire téléphone portable possède une coquille en tétrypdène brossé qui présente, à s'y méprendre, une texture de peau. Même sensation d'érectilité quand on le réchauffe au creux de la main, même hérissement au froid. [...] Les téléphones existent en sept couleurs. Blanc rosé, blanc tacheté de roux, rouge marbré, noir, jaune, vert strié de rose, ambre olivâtre. » Revoici la liste des personnages nus assis en rond dans le bain tourbillon :

- un « columnist » de sports professionnels,
- un publiciste,
- une ancienne star de cinéma local mariée à un importateur sud-africain (parti en voyage...),
- une jeune auteure de téléroman,
- un entraîneur privé,
- le premier secrétaire du consulat de Tonga,
- deux clientes assidues,

- le fils désœuvré d'une dynastie industrielle,
- un évêque argentin devenu masseur
- deux invitées silencieusement séduisantes,
- un criminaliste pédéraste,
- Karl Bottine et
- le représentant d'Eriikiä.

Nous suggérons ici au lecteur d'attribuer à chacun une couleur. Il y a deux téléphones de chaque couleur. L'on remarquera que, dans un souci de dynamique dramatisation, il y a quinze personnes dans le bain tourbillon. Laquelle sera sans objet et que fera-t-elle ?

Le lecteur fermera maintenant ce bouquin et les yeux pour s'imaginer avec complaisance comment chacun expérimentera cet objet sensuel.

Nous nous retrouverons lors de votre prochaine séance de lecture.

13

La nouvelle provoque des gorges chaudes et des colères chez les médiatisés et ceux qui voudraient l'être. Autrement dit, un tollé général.

Au nom de la direction générale de la radio, le Service de mise en valeur synergique (SMVS), anciennement les Relations publiques, annonce, par voie d'un communiqué daté d'hier à 19 heures, que le chroniqueur de politique internationale est congédié ainsi qu'un lecteur de nouvelles (que les rumeurs ignorent). On fait plutôt état d'un soi-disant complot pour discréditer la direction.

Le syndicat réagit vivement. Une manifestation spontanée est organisée devant la porte principale. Le SMVS réplique dans les trente minutes suivantes en distribuant de nombreuses copies de la transcription textuelle de la conversation incriminante qui a eu lieu dans le studio 24. Qui a eu le culot, la traîtrise, d'enregistrer cette conversation? Il est certain que la régie était déserte lors des propos transmis. Et il s'est écoulé à peine cinq heures entre le délit et le congédiement des deux voix familières des ondes. Depuis ce matin, on entend Levain Vespey à toutes les émissions de radio, sur les ondes commerciales et communautaires, et les siennes propres. Il explique la portée du droit de gérance, la solidarité essentielle des voix publiques avec la politique directoriale et leur adhésion indispensable à la pensée synergique de l'Ordre Nouveau qui fait tant ses preuves, s'empresse-t-il toujours d'ajouter. Et, pour appuyer ses justifications, il présente de courts extraits particulièrement accusateurs de la conversation fatidique. On entend les deux voix, aussi nettement que si elles étaient en ondes, élaborer des stratagèmes pour discréditer sur la place publique la jeune direction et ses orientations. Et ce, dans des termes haineux non équivoques.

Levain Vespey soutient partout qu'il a trouvé ces enregistrements sur disque compact sur le siège du passager de sa voiture, une Peugeot 607 tricolore que lui a offerte le gouvernement français quand on l'a honoré de la médaille GAC (grand ambassadeur aux colonies), une distinction rarement attribuée. Le SMVS, qui a concocté cette remise de médaille, lui a préparé un discours d'acceptation où il est question métaphoriquement des liens organiques qui unissaient la France et le Canada ; il y est question de veines éloignées transportant le même sang et devant développer les mêmes anticorps. Mais, au moment de prendre la parole, distrait par les nombreux toasts au doux Château de la Tour blanche 1984, vinifié à partir de vendanges par tirs successifs pour n'obtenir que le meilleur de la pourriture noble..., mais ne nous égarons pas..., grisé donc par les goûts de miel, de fleurs blanches et d'épices de ce cru de Sauternes, le médaillé a commis une bourde diplomatique. Il a substitué la documentation remise avec les clés de la Peugeot au papier soigneusement plié de son discours !

– Une silhouette incisive, des perspectives fuyantes et des lignes limpides, résolument félines, elle se distingue par l'harmonie et le dynamisme de ses proportions. Fleuron culturel de l'industrie, fluide et sensuelle, elle trouve son équilibre dans la rencontre de lignes subtilement audacieuses et le refus de toute ostentation. Elle se révèle comme la combinaison idéale et accomplie de la magie et de la grâce. Elle cultive le goût du privilège... Euh... Je parle évidemment de cette culture commune qui nous est chère... Ce sang siamois qui réunit au-delà de tous les Atlantiques. Cette médaille sera pour moi comme un scapulaire aussi culturel que symbolique de notre combat radiophonique commun, de nos convergences.

Certains journalistes teigneux vérifient les marques d'effraction sur sa Peugeot 607. Facile à trouver, c'est la seule au Canada. Ils ne trouvent aucune marque, aucun indice.

– Le concessionnaire l'a réparée.

– Il n'y a aucun concessionnaire Peugeot à Montréal, monsieur Vespey.

– Je n'ai jamais dit qu'il s'agissait d'un concessionnaire Peugeot. Quand vous voyez la vieille Peugeot de l'inspecteur Columbo, à la télévision, vous ne vous demandez pas s'il y a un concessionnaire Peugeot à Los Angeles? Bon. Une autre question, plus pertinente?

– Wouahhhhh. Depuis son retour de France, son odeur change. Il a beau continuer à fabriquer son maudit parfum *Brut* dans lequel il fait macérer des clous de girofle, son fond de culotte sent toujours l'auto neuve, mais une odeur plus fauve que les odeurs de voitures américaines ou japonaises. On chuchotait hier, près des toilettes des femmes, que sa femme était sourde et muette depuis... Oh... Oh, c'est bon. Les caresses que je préfère : des petits clics et, oh ! des doubles clics. Et cette odeur de barre tendre pomme-cannelle sous sa jupe cerise...

Fanelle Webard vient mettre fin à la conférence de presse en invitant tout le monde à visiter le site Web où tous les documents pertinents sont déjà numérisés. Les journalistes sortent leurs téléphones portables tous ensemble, comme mis en scène en noir et blanc par Fritz Lang.

Levain Vespey en profite pour s'esquiver rapidement.

Karl Bottine le rejoint dans le corridor et lui glisse furtivement une note dans la poche gauche de son veston.

Enfermé dans son bureau, le directeur sort le papier plié en huit, le lit et blêmit.

14

Tous les journaux titrent la même nouvelle: l'arrestation d'un réalisateur de Radio-Canada à la retraite, un certain Polycarpe dit Pol Taschereau, soupçonné d'avoir causé les morts mystérieuses que l'on déplore à la radio d'État.

La réaction du public se contente d'exprimer plus ou moins élégamment qu'il ne pouvait s'agir que d'une cause interne à la tour, et qu'il n'y a donc là aucune surprise. Dans la tour, il y a deux tendances. Les plus vieux, les classiques, qui attribuent la dérive de ce bon vieux Pol à sa retraite involontairement anticipée. Les modernes qui en profitent pour justifier, sur le dos de Polycarpe, toutes les mesures de changement apportées par l'Ordre Nouveau.

Taschereau est en fait accusé d'avoir causé directement la mort de sept personnes et d'avoir porté atteinte à la santé de plusieurs autres par l'exercice illégal de la médecine, la fabrication et la vente d'un produit mortifère sans permis. Les gens de l'impôt se retroussent actuellement les manches pour fouiller dans ses comptes, sans succès jusqu'à maintenant.

Il s'agit de ce que le prévenu appelle la *Crème de Vouzailles*. La composition secrète de la pommade fait l'objet de toutes les spéculations. L'analyse de laboratoire est formelle: baume de tigre, haschisch en poudre, piment de la Jamaïque, café moulu, graisse de canard. Le mélange est, dit-on, stocké et vendu dans des condoms, à la façon des tubes de dentifrice. Selon le communiqué du bureau d'Hilaire Sureau, l'enquêteur désigné, l'accusé prétend que ce mélange a des vertus lénifiantes pour la voix. Lorsqu'on l'applique régulièrement sur la gorge, la voix ne flanche jamais, double ses harmoniques basses et développe un timbre légèrement cuivré, conférant aux microphonables une autorité subliminale en ondes. D'après les témoignages recueillis. Tous les journaux en font des gorges chaudes, insistant sur un ingrédient du contenu ou un autre selon le profil de leurs lecteurs, ou sur le contenant choisi. Les chroniqueurs de la presse écrite sont unanimes à reconnaître que la direction de la radio a facilité l'enquête. Tous comprennent qu'on doit, pour le moment, garder le secret sur les détails du déroulement de l'enquête pour des raisons de sécurité.

Depuis le dévoilement de la vérité, le service de sécurité de Karl Bottine a trouvé et présenté aux médias des douzaines de condoms de *Crème de Vouzailles* dénichés dans les poubelles ou dans les recoins les plus bizarres. Derrière des piles de CD, écrasés sous des piles de revues, insérés dans des étuis de micros et des consoles de son, ensablés dans les cendriers des fumoirs, flottant dans l'eau chaude gargouillant sous les plats des présentoirs de la cafétéria.

– Wouahhhhh. Je le savais bien que ça sentait le caoutchouc.

L'atmosphère est joyeuse et volubile dans les corridors de la tour hexagonale. On aurait déjà trouvé plus de quarante pièces à conviction. Aucun journaliste, animateur, chroniqueur, présentateur n'avoue faire partie des utilisateurs.

– Wouahhhhh. Pour une fois que je pourrais connaître moi aussi mon heure de gloire. Voulez-vous que je les sente, moi, les gorges? Voulez-vous le savoir, qui sont les crédules menteurs?

La direction se réjouit de la fin du cauchemar et de l'efficacité policière. Elle annonce des mesures humanitaires exceptionnelles: tous les usagers du micro sont invités à prendre un repos bien mérité. Magnanime, la direction évite ainsi à ces praticiens d'avoir à divulguer leur utilisation de la funeste *Crème de Vouzailles*. Pendant leur absence indéfinie, les cadres et la direction assumeront, en guise de solidarité, les tâches aux micros. Grâce aux nouvelles technologies de l'informatique, ON facilitera les corvées par une automatisation de bon aloi. Un mal pour un bien, d'après la responsable du site Web. Fanelle Webard, sibylline, fait allusion à une situation malencontreuse qui, finalement, provoquera une accélération de l'Histoire...

Lucette Lampion et Sidonie Paxillaume se retrouvent, percluses d'émotions, dans un bar mexicain du Vieux-Montréal, devant deux généreuses portions de margaritas.

– Moi, de dire la mûre Sidonie, c'est le contenant. Je ne sais pas pour les animateurs. Mais les animatrices, tu te rends compte, avoir à toucher à répétition cet objet molasse, caoutchouté, allongé? Quand j'y pense, j'ai...

– Ah moi, c'est la *Crème de Vos Ouailles*, de surenchérir l'assistante-vétéran, les cochonneries dedans qui devaient profaner le *Tiger Balm*... Je m'imagine les conditions sanitaires... Et rien nous dit qu'il n'y avait pas d'autres matières que la police ne dévoile pas parce que...

– Moi, quand j'y pense, c'est la crédulité de tous les utilisateurs-trices. Il faut être ouvert aux remèdes alternatifs, mais à des choses sures comme l'homéopathie ou la réflexologie. Mais des *Crèmes de Vos Âmes*, il y a tout de même des limites ! Tu te vois manipuler un condom, pour... ah, pis, rien que toucher à ça quand on sait que ça ne peut rien contenir de bon...

– Au moins, les patchs d'hormones, on sait que ça fonctionne. Tu le sais, j'ai changé...

– Dieu sait ce qu'il a caché là-dedans. Tu le connaissais autant que moi, Pol ? Tu as travaillé avec lui. Comme moi. Il n'a pas pu vouloir mal faire, c'est pas son genre ! Souviens-toi, lors des premières guignolées...

– Moi, je pense qu'il y a parfois des surprises entre l'homme et l'œuvre. Souviens-toi de ce réalisateur de télévision qui avait tué la femme de...

– Officiellement il a été acquitté. Mais, nous, on peut douter, c'est certain.

– Je me demande, moi, qui va défendre Pol. Tu le sais, il avait perdu sa prime de départ dans l'effondrement des titres de haute technologie, alors je crois, moi, et...

– Et si...

– Deux autres margaritas, s'il vous plaît. Non. Deux pour nous deux ! On devrait dénoncer les barmaids qui poussent à la consommation.

– Écoute mon idée. Si on faisait un comité de défense de Pol ? Tout le monde fesse dessus, mais nous, on pourrait s'en occuper au nom du bon vieux temps où...

– Tu veux dire ramasser des fonds, pis tout ?

– Oui. On lui doit au moins ça.

– Mais moi, je ne joins même pas les deux bouts. Et je ne suis pas à la veille d'hériter...

– Il y a peut-être un moyen. Et on verrait de quel bois se chauffent les préretraitées.

– Parle pour toi. Et l'argent ? On le prend où ?

– Des reliques.

– Prends une gorgée, ça va te faire du bien.

– Des reliques ! On fait de la *Crème de Nos Âmes*, mais on y ajoute du camphre pour la rendre inoffensive. Et on en vend en souvenir de Pol pour sa défense !

– ...

– Cul sec !

– Parle pour toi !

15

– Wouahhhhh. Si L'Anguirland se donne la communion de son petit carré de rince-bouche, les pellicules fraîcheur Listerine, c'est qu'il vaudrait mieux que je me prépare à aller le promener.

– Bon. Le renvoi d'appels est activé. Tu veux que j'aille te promener, mon vieux Cybèle ?

– Wouahhhhh.

Le rituel reste à peu près le même. Les deux vieux se dirigent lentement vers le parc Westmount. L'Anguirland salue presque tout le monde. Enfin, ceux et celles qui le reconnaissent. Il fait partie du quartier chic au même titre que les lampadaires ornementés et les interdictions bilingues de stationner à certaines heures commodes. Malgré les rhumatismes, il porte la main à son chapeau à larges bords dès qu'il croise quelqu'un dont les commissures des lèvres amorcent le moindre relèvement. Cybèle ne tire plus sur la laisse depuis belle lurette pour aller sentir les autres chiens en promenade. Il se laisse, à la rigueur, sentir par les autres, drapé de haut dans son pelage blanc. En vieillissant, il se donne parfois des airs du Gandalf de Tolkien. L'Anguirland aussi, d'ailleurs. On patriarche à qui mieux mieux d'une crotte à l'autre. Le maître et le chien se gémellisent peut-être en vieillissant. Quand le Gandalf horizontal sent une légère pression sur la laisse inutile, il sait qu'il faut raidir encore le lien de cuir pour donner un prétexte au Gandalf vertical pour s'éloigner d'une interlocutrice redondante. Quand la promeneuse dégage plus de charme, l'horizontal colle son poil blanc à la jambe appétissante pendant que le vertical rêve d'en faire autant.

– Tu pleures, Cybèle ? Qu'est-ce qu'il y a, mon chien ?

Le Grand Pyrénées, vedette dans le monde des vedettes, sanglote de plus en plus souvent depuis quelque temps. Mais il ne livre pas le secret de ses larmes. En fait, il repasse sa vie de pacha, et sa joie fond toujours au même épisode de sa vie de chien. Avec l'âge, il ne sait plus s'il s'agit d'une fiction ou d'un souvenir réel. Et pourquoi faut-il que la douleur soit versifiée ? Il n'existe pas de psychanalyse canine. Question de divans. Alors les mots lui reviennent, comme des graines de nourriture Eukaneba, toujours les mêmes :

– Wouaaahhh.

Que me faudra-t-il faire ?

Presque rien, dit le Chien : donner la chasse aux gens

Portants bâtons, et mendiants ;

Flatter ceux du logis, à son Maître complaire :

Moyennant quoi votre salaire

Sera force reliefs de toutes les façons,

Os de poulets, os de pigeons,

Sans parler de mainte caresse.

Le Loup déjà se forge une félicité

Qui le fait pleurer de tendresse.

Chemin faisant, il vit le cou du Chien pelé.

« Qu'est-ce là ? lui dit-il.

– Rien.

– Quoi ! Rien ?

– Peu de chose.

– Mais encor ?

– Le collier dont je suis attaché

De ce que vous voyez est peut-être la cause.

– Attaché ? dit le Loup : vous ne courez donc pas

Où vous voulez ?

– Pas toujours : mais qu'importe ?

– Il importe si bien que de tous vos repas

Je ne veux en aucune sorte,

Et ne voudrais pas même à ce prix un trésor. »

Cela dit, maître Loup s'enfuit, et...

Wouaaaaaaaah...

... court encor.

Les Fables de La Fontaine : le livre préféré de Cybèle. Il en a léché les pages jusqu'à en effacer les illustrations de Gustave Doré. Mais *Le Loup et le Chien* déclenche de plus en plus, en lui, un regret lancinant. Comme un vieux Québécois qui aurait, un jour de sa jeunesse, laissé passer SA chance d'aller s'établir en Floride une fois pour toutes.

L'Anguirland, lui, c'était sa trop lointaine décision de préférer le confort de la radio et de la télévision aux combats qu'il avait commencé à livrer jadis dans le monde du théâtre.

Le téléphone portable frissonne dans son étui de cuir de veau ciselé au titre de son émission-fleuve *Tous les Chemins* et offert par Sidonie Paxillaume lors d'une visite conjointe au Salon annuel des métiers d'art. Sidonie veut l'appui de L'Anguirland dans son projet de solidarité avec celui qu'elle considère comme une victime d'un coup monté.

– De la crème de quoi... ? C'est quoi, ça... ?

Madame Paxillaume en a long à conter. La promenade réciproque avec Cybèle se poursuit. Les odeurs de crotte plus ou moins fraîches alternent avec les parfums et les lotions des quidams et quidames croisés. La main écrasant l'appareil contre l'oreille, L'Anguirland ne peut plus porter sa main au chapeau. Il doit se contenter de saluer du coude. Comme un oiseau agitant ridiculement une aile rognée. Aussi inutile qu'un film porno devant quelqu'un qui vient de jouir.

– Encore faudrait-il être absolument convaincu de son innocence. S'il fallait que sa *Crème de*... oui, c'est ça... s'avère l'arme de ces meurtres en série, nous serions susceptibles de nous retrouver complices de meurtre ! Tu te rends compte ? Oui, je sais, j'ai toujours trouvé Pol Taschereau sympathique, créatif, souvent courageux dans son parcours. Mais sait-on jamais ? Il faudrait des éléments de preuve. Ni toi ni moi avons accès aux documents du procureur. C'est un coup de dés insensé, Sidonie. Un genre de quitte ou double. Si ton intuition est bonne, on deviendra des héros. Pardon ? Oui, c'est ça, on écrira un jour une série télévisée sur nous. Mais si on se laisse à tort portés par une solidarité inadéquate, disons, on risque de se retrouver dans la rue. Plus d'émissions. Finis. Condamnés à se promener, l'air pressé pour avoir l'air utile, dans des centres d'achats. Je sais bien que, de toute façon, nous n'avons plus d'accès au micro. Mais c'est une mesure temporaire. Ça ne peut pas faire autrement. J'ai d'ailleurs appelé au bureau de Levain. Je veux en avoir le cœur net. Il me doit bien ça. Laisse-moi d'abord lui parler et je te reviens là-dessus. Je promène le chien actuellement.

– Wouahhhhh. Qui promène qui ?

– Je te ferais remarquer que seuls les gens qui font du micro ont souffert de ces actes répugnants. De ton côté de l'aquarium, dans la régie, aucune victime ! J'ai des amis à l'Hôpital juif qui me feront la faveur de me faire passer avant tout le monde pour une batterie d'analyses et d'examens. Mets-toi à ma place ! Je te quitte. Je dois récupérer ma main qui s'ankylose. On se téléphone... Non, pas de bouffe. Je suis un régime macrobiotique.

16

Levain Vespey a fait insonoriser le bureau voisin du sien. Celui de son adjointe administrative qu'on a relogée derrière une demi-cloison de corridor. Karl Bottine ordonne le roulement des tours de garde à la sortie de l'ascenseur, à l'étage de la direction. Une garde de sécurité, issue des minorités visibles, contrôle l'accès au petit bureau devenu le saint des saints : là où toutes les voix nouvelles sont enregistrées avant d'aller nourrir la culture des chaumières. La burka, aux couleurs de la Gendarmerie royale du Canada, fait beaucoup d'effet. Quelques irrévérencieux spéculent sur l'identité de la minorité invisible cachée sous le tissu écarlate galonné de bleu. Mais ils se contentent de chuchoter leurs facéties.

Marie-Pénélope Gagnon-Gagnons...

– Gagnons-Gagnon ! *Whatever-smart !*

... Marie-Pénélope Gagnons-Gagnon fait maintenant partie de la direction à titre de coordonnatrice-conceptrice de ce que l'on appelle le Service vocal de la production, le SVP.

Sur le rebord de la fenêtre donnant sur la ville, du haut des 18 étages, elle a installé un Mini Disk Sony MZ-R70, plus petit que son paquet de cigarettes amérindiennes (entendre : fabriquées dans une réserve autochtone exempte de taxes aussi gouvernementales que blanches). L'appareil est moelleusement niché sur la vieille baleine en peluche d'une partie de son enfance à Vancouver. La direction déborde d'admiration et d'espoir devant la force de conception et la pertinence sociologique de la sémillante jeune techno-trad. On doit enregistrer face à la cité pour mieux tenir compte des besoins radiophoniques de cette deuxième plus grande ville francophone du monde, qui est aussi la plus grande ville anglophone du Québec. Et le coussin-baleine rappelle de toujours faire naturel et d'être le plus écolo possible compte tenu des impératifs économiques indispensables à la consommation du bonheur. Ce n'était pas dit exactement de cette façon, mais presque... à quelques *world beat accents* près.

À tour de rôle, les membres de la direction, à commencer par le grand patron, viennent enregistrer toutes sortes de présentations, d'annonces, d'animations ou d'autopublicités. Marie-Pénélope, secondée par deux jeunes techniciens humoristes, DJ reconnus loin et ailleurs, débauchés de TVVV (Télé Va Voum Vision) recueille de la gorge néophyte des jeunes loups et louves de la direction des échantillonnages variés de sons et de mots, parfois des brins de phrases. Levain Vespey a lui-même choisi les deux auteurs à la mode, récemment primés et comblés de droits d'auteur énormes, à la mesure de leur talent, pour concevoir les programmes d'agencement de mots.

Le système fait fureur. L'impact de l'innovation pourrait faire tache d'huile à l'échelle planétaire. Après le Cirque du Soleil et Céline Dion, le Canada français s'apprête, semble-t-il, à exporter une percée majeure dans le monde sclérosé des communications : la Radio RASE, la Radio aléatoire synthétique et économique. Levain Vespey confiait, hier encore sur l'oreiller, à sa concubine infirmière qu'il n'était pas farfelu ou illusoire de prononcer le mot Nobel. Il n'existe pas de prix Nobel des communications, mais là, tout porte à croire que l'erreur pourrait être corrigée.

Le principe est simple. Comme le big-bang, il s'agissait d'y penser. ON commande à l'ordinateur une animation courte, drôle, masculine, branchée, sur le thème d'un ou de plusieurs mots clés, tenant compte du contenu simultané de la programmation des autres stations, avec une connotation canadienne, *politically correct*, ajoutant une allusion à une personnalité populaire du moment, à couleur de confidence, dans une langue largement accessible, etc., et l'ordinateur trie et agence l'intervention souhaitée. Le produit ainsi concocté est soumis à un filtre critique élaboré à partir des valeurs exprimées lors de *focus groups* ad hoc. En moins d'une seconde, les puces électroniques additionnent leurs puissances, et les auditeurs s'en trouvent, en bout d'ondes, étonnés, provoqués, informés, divertis, culturés, et, surtout, de plus en plus curieux et nombreux. Les musiques sont choisies automatiquement par l'indice de vente constamment mis à jour et le choix des auditeurs compilé sur Internet.

La nouveauté fait fureur depuis quelques mois.

Aucun décès d'animateurs depuis l'ère du succès. Parmi le personnel mis en repos, quelques maladies lancinantes. Mais aucun décès.

La salle du Centre national des arts, à Ottawa, scintille de beau monde. Les opposants ou dissidents politiques ou culturels ont mis de côté leurs convictions, le temps de quelques honneurs. Ce soir, le gouverneur général du Canada sacre quelques notoriétés qui font l'orgueil du pays et de ceux qui les subventionnent.

On appelle sur scène le directeur de la radio française de Radio-Canada, monsieur Levain Vespey ! La caméra zoome sur sa loge où les femmes qui l'entourent le couvrent d'affection et même mieux : d'admiration. Sa compagne, l'infirmière, se colle à son épaule et l'enveloppe d'un regard antiseptique. Fanelle Webard, assise derrière lui, se lève et se penche au-dessus de sa tête, les deux seins convergents offerts aux concupiscences des téléspectateurs avachis dans leurs fauteuils. Marie-Pénélope, dont la coiffure n'est pas sans rappeler le psychédélisme des années soixante de ses grands-parents, crie à répétition comme si elle avait une fesse coincée dans une porte tournante ou comme si le Canadien de Montréal venait de compter un point en deuxième période supplémentaire, gagnant ainsi la coupe Stanley, ou comme si un orgasme à haute fréquence éruptait soudainement dans un endroit non prévu à cet effet. Le récipiendaire doit se rendre sur scène pour la consécration. Son smoking noir et blanc rappelle la robe du rorqual. Monsieur Vespey se tient si droit, si dressé, que le bas de ses pantalons s'élève au-dessus de ses chevilles. Un genre de monsieur Hulot.

– Monsieur Vespey, sous votre gouverne dynamique, la radio de Radio-Canada est devenue un phare international de la communication. Une antenne référence vers qui convergent toutes les radios publiques du monde. Votre succès consacre votre nécessité sociétale. Vous vous êtes démarqué du paysage audiovisuel privé comme aucun de vos prédécesseurs n'avait réussi à le faire. Paix à leur souvenir. Bravo pour la recherche conforme à votre mission de grand commis de l'État. On vous doit dorénavant une reconnaissance nationale pour cette radiodiffusion informative, intelligente, légère et digestible, variée et familière, tellement abordable et culturelle. Et sans contraintes publicitaires. Vos économies d'échelle le permettent. À nos yeux, et surtout à nos oreilles (rires dans la salle), vous êtes devenu la radio elle-même. Nous tenons ici à vous exprimer nos sympathies pour les événements extrêmement troublants survenus dans votre personnel. Des pertes dont il n'est pas facile, pour l'auditoire francophone, de se remettre. Mais nous croyons savoir que vous déployez discrètement mais non moins efficacement, avec les autorités concernées, tous les efforts nécessaires pour faire la lumière sur ces tristes mystères. On nous dit d'ailleurs qu'on ne déplore aucun nouveau malheur depuis l'arrestation d'un prévenu. Monsieur Levain Vespey, au nom de la reine et du peuple canadien, il me fait plaisir...»

On apporte l'écrin au gouverneur général.

Un tumulte éclate au fond de la salle. Le gouverneur général reste en plan, la rutilante médaille pendue au bout du bras. Comme une boule de Noël au bout d'une branche de sapin. Le lauréat garde son regard illuminé sur la décoration à mi-chemin de sa poitrine méritante.

– Assassin ! Assassin !

Les tuniques rouges de la Gendarmerie royale du Canada, version affiche pour touristes, font taire le tumulte en expulsant le vociférateur vers des lieux chauds, insonorisés et à l'abri de toute indiscrétion journalistique.

17

Tout est rembourré au quartier général de la Gendarmerie royale du Canada à Ottawa. Les murs, les portes, les chaises, et les policiers. Le son, entre autres, est étouffé ici. Et puis, l'hiver, on conserve mieux la chaleur et la discrétion. Peu d'activités l'été, on a mieux à faire.

Karl Bottine trouve tout de même qu'il fait beaucoup trop chaud. Il a suivi le cortège lors de l'arrestation. On lui permet d'assister passivement à l'interrogatoire du prévenu en sa qualité de responsable de la sécurité francophone de Radio-Canada. Il se lève et s'assied sans raison apparente. Il se sent en fait comme un apostat à une messe de funérailles dont il a renié mais surtout oublié les rites. Derrière le suant Karl, un homme se tait. Taille moyenne, cheveux blonds, des yeux d'un bleu acier, il pourrait être russe. Mais il n'a jamais bu une once de vodka. Il est né dans une banlieue banale de Montréal et n'a pu faire carrière dans le hockey professionnel. Il expérimentait trop et n'exécutait pas assez les plans de match. Il était tombé amoureux d'une sino-Québécoise de Nicolet. Pour s'en approcher et économiser les dépenses d'essence, il s'était installé à Nicolet, à la résidence de l'école de police. C'était moins cher qu'un appartement. Il ne tenait pas vraiment à devenir policier. Il termina ses études à la tête de sa promotion et s'est retrouvé, quelques années plus tard, à trente ans, le plus jeune lieutenant-détective de la force policière métropolitaine. Une thèse de maîtrise en criminologie sur l'importance du fétichisme dans la quête identitaire des motards et son incidence sur leurs comportements déviants lui avait ouvert les portes du département de criminologie. Les forces constabulaires se payèrent ainsi un enquêteur aussi fiable que futé. L'inspecteur Hilaire Sureau pilote le dossier des morts suspectes à la radio d'État avec le doigté et la fascination nécessaires au milieu branché des communications. Il a compris qu'il suffisait de savoir se taire à bon escient pour faire parler la race des communicateurs *ex cathedra*. Ils ont tous horreur du vide sonore. Il se tait avec brio. Son visage toujours énigmatique, à la façon d'un acteur international, il laisse aux autres le soin d'y voir l'expression du sentiment souhaité ou craint. Il ne déçoit ainsi jamais.

Hilaire Sureau retire donc et avance, au besoin, la chaise de Karl Bottine au rythme du chapelet de craintes, d'inconforts, de spasmes nerveux de celui-ci. Comme autant d'*Ave* ponctués de *Gloria*. On en est à la deuxième dizaine.

John Greenwood, le policier monté et gradé, fait décliner l'identité du prévenu.

– Je m'appelle, *my name is Seppälä*.

– *Where are you from ?*

– *I come from*, je viens de Turku en Finlande.

– *So, you are finished...*

– *Yes, I am finish.*

– *Why did you shout :* « Assassin, assassin. »

– *Becouse*, c'est vrai. *Really*.

– Excusez-moi, Greenwood, Hilaire Sureau ici, procureur. Monsieur Seppälä. Dites-moi : vos accusations concernent-elles les malheureux décès constatés à Radio-Canada ou vouliez-vous tout simplement vous faire remarquer ?

– Je sais tout. Et je suis prêt à parler, *a lot to say*, si vous me garantissez mon immunité diplomatique finlandaise.

– Personne ne vous en prive.

– *What did he say ?*

– Rien d'important, Greenwood. Continuez Seppälä.

Un silence parfumé se répand dans le bureau capitonné quand une juvénile rousse aux dents éclatantes fait une entrée doucereuse et laisse à maître Sureau un dossier et un sourire que les autres envient. Elle quitte le bureau. Seul Hilaire Sureau sourit. Énigmatique comme il se doit dans une telle circonstance. Le frêle Seppälä, de sa voix fluette, prend de l'assurance :

– Je ne livrerai *my secrets* que dans les lieux de l'ambassade. *Only at the embassy*.

– *This is becoming too complicated, as long as I am in charge...*

– Permettez, Greenwood ? Ce n'est pas là...

– Seppälä. *I insist !*

– ...

De se taire la royale montée police Greenwood.

– Écoutez, le Finlandais, donnez-nous au moins une piste qui pourrait, éventuellement, pourquoi pas, mener à l'ambassade. Nous sommes ouverts aux réalités internationales. Je crois comprendre que vous en savez long. Dites-nous au moins comment vous en êtes arrivé à vos certitudes étonnantes.

Karl Bottine veut intervenir, mais sa gorge est aussi sèche que sa chemise empesée est trempée. Ostensiblement. Ses doigts sont exsangues et entrelacés comme les sarments noueux d'une vigne séculaire. Il se sent comme ligoté par ses propres mains au tronc d'une épinette finlandaise sur laquelle fonce un renne vengeur. Son téléphone portable égrène sa sonnerie ridicule dans la poche revolver. Le ressortissant scandinave a peine à dissimuler un rictus scandinave au coin de ses lèvres charnues. Puis, lentement, ses yeux se mouillent. Entre de courts sanglots, il laisse aller des mots que note fébrilement le zélé Greenwood.

Bottine ne peut respirer que par sa bouche sans charme. Sureau plante son regard acidulé dans les yeux attristés du dénommé Seppälä qui dit vague :

– ... *traitor*... *he shouldn't*... 584-8374... Il va payer... Il n'avait qu'à... *He shouldn't*... Une industrie de pointe... S'il fallait que, comme le tabac... *somebody* doit parler... Tous ces emplois... *My Good*... *My hair*... Eriikiä... *You promised me... Julkishallinnon perinteiset tehtävät ovat yleinen hallinto ja järjestys, turvallisuus ja maanpuolustus. Hyvinvointitehtävät ovat opetus, tiede ja kulttuuri, toimintaan julkishallinto osallistuu omistajana ja elinkeinœlämän edistäjänä...*

John Greenwood s'énerve. S'il ne comprend pas, c'est qu'il s'agit d'une menace grave ! Karl Bottine réussit de peine et de misère à se lever de sa chaise en y laissant d'ailleurs un large cerne douteux. Il gagne le corridor comme s'il avait des chaînes aux chevilles. Hilaire Sureau quitte les yeux du Seppälä effondré en larmes pour parcourir, satisfait, le dossier apporté par l'énigmatique rousse au sourire éclatant.

18

– Wouahhhhh. Du temps où j'accompagnais L'Anguirland tous les jours dans les studios, il m'arrivait souvent de me plaindre de mon sort. Quitter mon paillasson pour les planchers souillés de la radio. Torturer ma vessie dans l'attente d'un journal accueillant. Subir les odeurs sucrées de certains parfums. Maintenant, je m'ennuie de tout ça, j'imagine. Mon paillasson manque de variété, finalement. Mon maître ne rit plus. C'est tout dire. Il écoute la nouvelle programmation toute la journée, l'air hébété. Il me réclame à répétition pour me caresser distraitement le pelage qu'il ne brosse pourtant plus.

– Écoute, Cybèle. Écoute !

– Wouahhhhh. Je ne fais que ça.

– C'est incroyable ! Tu entends ?

– Wouahhhhh.

– Ils ne parlent pas, ils aboient !

– Wouahhhhh. Et après ? Si c'était une amélioration ?

– Je n'ai jamais pensé que la tour de Babel et celle de Radio-Canada allait un jour ne plus faire qu'un... une...

– Wouahhhhh. On se fait-tu jouer la marche de Mendelssohn ? Il n'écoute plus que la nouvelle radio publique.

– Tu vois, Cybèle, c'est comme si la radio publique était devenue la Panthéonne. Pas populaire ou populiste, mais panthéonne. Pas privatisée ou putassière, mais panthéonne. Radio Panthéon.

La personnalité de l'année, Marie-Pénélope Gagnons-Gagnon, triomphe dans le sillage de son célébré directeur. Les voix désormais diffusées à la radio d'État appartiennent à des célébrités incontestables dans leurs vedettariats respectifs.

Un comité ad hoc, nourri dans le sillon étincelant de Marie-Pénélope, établit l'indice de notoriété du moindre nom reconnu par le plus grand auditoire possible. Une firme spécialisée en télémarketing gère, sous mandat contractuel, les stratégies d'élaboration du fameux indice de notoriété. Il y a trois niveaux: Lauréats, Vedettes, et Stars. Les lauréats doivent avoir remporté un concours médiatisé par un gala télévisé et fait l'objet d'au moins cinq reportages dans au minimum trois magazines *people* différents, le tout en dedans de vingt jours ouvrables. Le statut de vedette nécessite de répondre à tous les critères des lauréats et de profiter en plus d'une présence au moins hebdomadaire dans deux médias autres que la radio. Pour les vedettes, il existe un système de pointage qui évite toute injustice: 9 points pour être invité à un talk-show, 31 points pour animer un talk-show, 7 points pour participer à des émissions de variétés, 26 points pour personnaliser une émission de télévision réalité, 7 points pour bénéficier d'un article sur soi dans la presse quotidienne, 9 points pour faire l'objet d'un reportage dans une revue de bureau de médecin ou de dentiste, 17 points pour être caricaturé, 11 points pour faire l'objet des foudres de la justice, 6 points pour gagner une somme importante à une loterie, 3 points pour susciter une controverse dans une chronique écrite, 8 points pour être vilipendé par un détenteur du statut de lauréat, 18 points pour l'être par une vedette, et 28 pour être vertement critiqué par une star. Comme à la bourse, les totaux de pointage exigés pour atteindre ou conserver son statut font l'objet de spéculations concoctées dans le cénacle des initiés. On attend son taux hebdomadaire avec appréhension, et tous vérifient la comptabilité de leurs points avec argutie, minutie et envie. Ce que la psycho-pop appelle le syndrome de l'AME.

La canonisation ultime : l'étiquette de star. Les critères d'admission sont simples : avoir conservé son statut de vedette pendant au moins 13 semaines consécutives tout en augmentant son total de 33 %, à condition que cet ajout soit obtenu à l'étranger. N'importe où, mais ailleurs.

Tous les inscrits dans cette Bourse de célébrités se prêtent avec empressement à l'échantillonnage de leur voix. Les galipettes de l'électronique et de l'informatique font le reste. La hiérarchie des statuts de notoriété se reflète donc dans la programmation radiophonique. L'émission idéale, dont on répète la formule toutes les heures et sous des titres différents, doit s'articuler autour d'une grille établie selon le concept suivant : des vedettes présentent des stars et leur posent des questions sur leur vie trépidante de sorte que celles-ci puissent illustrer leurs propos des succès de ventes musicaux des lauréats.

Les propos des stars sont toujours enregistrés *in situ*. Les présentations et questions sont conçues et rédigées par les CV (concept-vizirs) et réalisées en sons de synthèse par les RATS (réalisateurs-/assistants/techniciens/stagiaires) dans les cubiculs aménagés à cet effet. Voyelles et consonnes sont échantillonnées pour chacune des voix approuvées, et l'on y agence les sons en phrases courtes qui commencent en général par « Ici Untel... ».

Les nouvelles sont assumées par les journalistes de la presse écrite qui téléphonent leurs papiers, ajoutant ainsi à la crédibilité de la nouvelle.

L'innovation qui fait toutefois le plus causer dans le milieu, c'est le traitement des informations du milieu du sport professionnel. Les grands stades du monde, les arénas des villes connues sont directement branchés en ondes. Quand on annonce un but, on peut l'entendre tel quel dans les secondes qui suivent, à condition qu'il s'agisse d'un athlète connu au Canada français ou d'origine québécoise.

Lucette Lampion et Sidonie Paxillaume trépignent d'être marginalisées du triomphe. Question d'habitude sans doute. Elles passent toutes leurs frustrations et leurs chaleurs dans la fabrication à leur façon de la *Crème de Vouzailles*. Depuis qu'elles ont trouvé un sens à cette crème, la défense de Polycarpe Taschereau, elles malaxent d'un poignet passionné les ingrédients qu'elles méprisaient hier pour fourrer, de doigts experts, la mixture dans des condoms de couleurs et de textures variées. Elle ont nettement le sentiment que le succès de leur initiative est plus méritoire et important que celui dont elles sont exclues à la radio. On s'arrache la pommade. Chaque jour, on y trouve une nouvelle vertu. On commence à en parler dans les magazines, à la télévision.

– S'il fallait que notre crème accumule assez de points de notoriété pour obtenir le statut de vedette ! rêve Sidonie, un peu coincée dans son chemisier amidonné.

La télévision, dans le loft de la digne dame Paxillaume, est branchée sur le canal Télé-Achat.

– On ne sait jamais, on pourrait peut-être y faire de bonnes ventes si...

Ici Lara Fabian.

Voici un bulletin spécial d'informations.

Le mystérieux individu qui a fait scandale lors de son irruption à la cérémonie du gouverneur général hier a été démasqué par un commentateur sportif bien connu. Voici ce qu'il nous a déclaré, il y a à peine quelques minutes :

– C'est quand j'ai entendu le nom de Seppälä... Je me suis dit que je connaissais ce nom-là. Sa face aussi me disait quelque chose. Puis j'ai flashé. La nageuse de Barcelone ! Le 100 mètres en 54,3 secondes ! La médaille d'or au Championnat international ! La nageuse qui a été nommée athlète de l'année en Finlande l'an dernier. Seppälä. C'est ça.

Ici Lara Fabian. Le sympathique chroniqueur a communiqué sa trouvaille à la Gendarmerie royale du Canada qui a confirmé le soupçon du prolifique journaliste de sports. L'individu qui a proféré des menaces à Ottawa est en fait une femme, une athlète scandinave. En plus d'être une nageuse exceptionnelle, elle est l'épouse d'un ingénieur de la compagnie Eriikiä qui serait, pour sa part, depuis un certain temps, en mission auprès de Levain Vespey (l'objet même des invectives publiques de la travestie). La police enquête, et notre salle de nouvelles attend des nouvelles. Le directeur de la radio française au Canada s'est refusé à condescendre à tout commentaire.

D'autre part, on se pose de plus en plus de questions au sujet du comité présidé par Élisabeth Higgins qui vient d'être promue à la direction générale de Dickinson, Barbour et Associés, laissant le comité dans les limbes.

Ici Lara Fabian. Merci, et au plaisir de vous retrouver sur les ondes de Radio-Canada.

19

La grande salle de spectacle montréalaise de la Place des Arts est remplie à pleine capacité. Les quatre premières rangées des sièges de l'orchestre sont occupées par toutes ces voix mises au repos puis à la retraite dite préventive. Ces annonceurs, animateurs, chroniqueurs, journalistes sont pour la plupart accompagnés d'amis ou de proches. Ces survivants souffrent presque tous d'une perte importante de mémoire. Ils ont tendance à oublier les détails de la vie quotidienne et ne finissent pas toujours leurs phrases.

– Wouahhhhh. Mais, d'une fois à l'autre, d'une phrase à l'autre, ils ne s'en souviennent pas toujours...

Le reste de la salle est occupé par un public aussi fidèle qu'avide d'être témoin des joies et peines de ceux et celles qui ont parlé si longtemps à leur place.

Sur scène, les photos géantes des voix disparues dans le fléau meurtrier. Les victimes du changement, en quelque sorte. L'Anguirland, en qualité de doyen, préside derrière une petite table nappée d'un tissu de jute brune. Il a l'air attablé à un gros gâteau au chocolat, son chien Cybèle à ses pieds.

– Wouahhhhh. Vu de la scène, ça fait pitié. Toutes ces voix devenues silencieuses, enfouies dans des têtes connues. Chacune se sentant moins atteinte que les autres. J'aime autant me taire.

– Je voudrais exprimer ma profonde tristesse, commença L'Anguirland, à la disparition ô combien injuste de tant de nos consœurs et confrères du micro ! Nous avons d'abord cru à un concours de circonstances malheureux. Et puis, il a bien fallu se rendre à l'évidence : le métier se mettait à nous diminuer, à nous tuer. Nostradamus, l'astrologie et l'Apocalypse restent muets sur notre sort mystérieux. Un concours de circonstances accablant mais encore aucun indice. D'où vient le mal (murmures dans les premières rangées...) ? Nous sommes incapables de le savoir. Toutefois, il y a des moments où l'on ne peut que sentir monter en nous la colère. Et nos colères se joignent spontanément pour dresser un poing vengeur vers ceux et celles qui bâtissent leur gloire actuelle sur nos malheurs (les intéressés, fortement encouragés par leurs accompagnateurs, se lèvent et brandissent le poing en vociférant) !

– Wouahhhhh. C'est comme recevoir un bouquet d'odeurs sur scène... J'en reconnais plusieurs.

– Je propose, de poursuivre L'Anguirland, qu'au-delà de nos allégeances syndicales diverses, de nos différences, et, disons-le franchement, de nos carrières parfois adversaires, nous nous unissions dans la retraite, comme aurait dû le faire Napoléon à Waterloo, afin de... de...

– Wouahhhhh. Dès qu'il dépasse une vingtaine de mots, il perd le fil maintenant. Il perd sa trace dans les chemins de sa tête.

– Je propose... Je propose d'unir nos voix et nos voies pour ne pas dire nos vies ! Fondons, dans cette salle, ici et maintenant, le VVV !

– Wouahhhhh. Ils ne risquent pas d'oublier le sigle.

– Nos Valeureuses Voix Vivantes Vivront malgré le Vacillement de nos Vies...

– Vvvvvvvv, de murmurer la salle.

– ... Nos Vocations ne seront pas Vaines, nos Visions Volubiles Verront la Vérité...

– Vvvvvvvv, de dire la salle.

– ... Nous Vaincrons Vaillamment, avec Vitalité, malgré nos Vulnérabilités, les Vipères Venimeuses et Verbeuses qui nous Vampirisent la Voix !

– VVVVVVV, de vociférer la salle.

– Vouahhhhh... euh, Wouahhhhh.

On demande ensuite à tous ceux et celles qui tiennent à approuver sans réserve le mouvement de monter sur scène pour signifier leur engagement. Comme on le fait avec des *reborn christians* qui retrouvent la Voi, oups, la Foi. La première à grimper sur scène, dans le tintamarre de ses bijoux, chronique ses soirées depuis toujours ; on la surnomme la vadrouilleuse vanillée (décidément !). D'une main, elle relève son long boubou orangé et, de l'autre, elle assure son turban strassé. On ne l'a jamais vue sans un turban, strassé ou pas. D'un geste théâtral, elle enlève son éternel turban et découvre un crâne chauve si ce n'est un roux duvet clairsemé.

– Voilà pour la Vérité, lance-t-elle.

– Vvvvvvvvv, s'étonne la salle.

Dans une touchante procession qui n'est pas sans rappeler le cortège des chercheurs d'or franchissant, pleins d'espoirs, les cols glacés du Yukon, les rangées des voix éteintes se vident. À chaque nouvelle arrivée sur scène, les anciens auditeurs poussent un « vvvvvv... » approbateur et admiratif.

On les reconnaît avec émotion.

Le commentateur de sports à la taille olympique, le lecteur de nouvelles au trop long chandail de laine mohair, l'animatrice minijupée à la frange impertinente, les journalistes cravatés, l'animateur aux effluves d'ail et taché d'huile d'olive, la disk-jockey Chanellisée bleu blanc rouge, le fantaisiste denimisé... À tour de rôle, dès qu'ils arrivent au centre de la scène, ils viennent symboliquement toucher le crâne duveté de la vadrouilleuse vanillée avant de serrer la main de L'Anguirland pour sceller la nouvelle solidarité VVV.

Soudain, la vadrouilleuse éclate :

– S'il vous plaît ! Je vois, dans le fond de la salle, une traîtresse ! La voyez-vous comme moi ? C'est Fanelle Webard là-bas ! Tout le monde sait qu'elle fait partie du complot. Je propose qu'elle soit expulsée sur-le-champ. Dehors ! En remplaçant nos voix sur son maudit site Web, cette femme...

– Wouahhhhh. Je comprends. Mais son odeur de pomme-cannelle, ça va me manquer. Et ses caresses en double clic... Il n'y avait qu'elle...

Fanelle Webard était entré tout doucement. Elle quitte la salle précipitamment et avec fracas dans un « vvvvvv » désapprobateur général.

– Nous recevons à l'instant un télégramme important, de dire L'Anguirland en calmant l'assistance d'un geste patriarcal. La FADOQ (Fédération de l'âge d'or du Québec) nous appuie sans réserve et nous offre une carte de membre gratuite assortie d'un abonnement à la revue mensuelle !

Personne, sur scène, n'ose se réjouir. Les regards des VVV se croisent comme une multitude de faisceaux de projecteurs qui évitent le face à face.

20

La *Crème de Vouzailles* se répand comme un « mal qui répand la terreur », comme disait l'autre. On l'achète goulûment par la poste, par téléphone, par Internet, chez tous les bons disquaires, et dans la chaîne de pharmacies Pharmapil qui a exigé l'exclusivité de la distribution commerciale aux dépens du géant WallSmart. On l'achète pour toutes sortes de raisons, mais avec frénésie. Un petit nombre de gens en stockent des quantités pharaoniques en guise de soutien à une philosophie de la radio publique dont ils déplorent la disparition. D'autres ne jurent que par ses vertus curatives des maux du corps et même de l'âme. Certains s'en badigeonnent comme ils communiaient jadis avec l'hostie. Les associations de consommateurs se préparent à l'analyser pour porter un jugement. Le Bureau des aliments et drogues délibère. Et une foule de nationalistes déçus ont mis tous leurs anciens espoirs d'une indépendance nationale sur les épaules de Polycarpe Taschereau dont le destin victimisé les rejoint au cœur de leurs blessures. Pour eux, le sort du martyr Polycarpe est tributaire du culte du succès à tout prix véhiculé par la mondialisation galopante qui ne fait pas mourir tout le monde, mais dont « tout le monde est atteint », comme disait le même autre.

Pour satisfaire à la demande, Lucette et Sidonie ont convaincu un saucissier aux affaires déclinantes (à cause de la mondialisation galopante qui ne fait pas...) de convertir ses installations de Fitch Bay, dans un paysage de rêve des Cantons-de-l'Est, en usine de pommade miracle fourrée dans un condom distributeur.

Il faut voir les arrivages d'ingrédients. Les caisses de baume de tigre arrivent dans des caisses exotiques estampillées à Singapour ; on en sent les effluves des collines à la ronde. Les ennemis de la cause prétendent que cette odeur caractéristique est responsable d'un phénomène bizarre : les chiens mangent les lys et pissent sur les roses. Disent-ils. Le haschisch a été remplacé par du chocolat suisse 80 % pur cacao pour décriminaliser le produit. Pour le moment, cette substitution est passée sous silence. Mais les enquêteurs de la Gendarmerie royale le savent. C'est ce qui compte. Le piment de la Jamaïque et le café arrivent via un intermédiaire libanais installé à Toronto et qui a soumissionné au meilleur prix. Les Canards du Lac Brome inc. fournissent gracieusement la sainte graisse, animés par un souci légitime de mise en marché d'un produit dont on rêve qu'il remplace un jour le beurre et la margarine. Et puis le lac Brome n'est pas tellement loin de Fitch Bay.

On travaille dix-huit heures par jour à la pommaderie du petit village pastoral. Le saucissier affiche maintenant une enseigne sculptée en pin : Pommaderie de la Camaraderie, fabricant exclusif de la *Crème de Vouzailles*. L'activité et les odeurs de la pommaderie attirent des visiteurs par centaines. Les anglophones s'inquiètent de la circulation accrue sur leurs routes pastorales pendant que les aubergistes francophones de la Maison McGowan accueillent avec profit les pèlerins de la cause sur leur terrasse au bord du grand lac Memphrémagog. Le cuisinier de l'auberge s'est même permis de faire sécher à froid de la *Crème de Vouzailles* qu'il réduit ensuite en une fine poudre dont il parfume ses consommés avec une parcimonie de bon aloi. Le propriétaire songe maintenant à faire de cette auberge d'abord destinée aux pêcheurs heureux, puis aux villégiateurs privilégiés, un Centre international de santé et d'engagement médiatique, un CISEM.

À l'auberge McGowan, Mark-Yvon du Tremblay s'est joint au personnel. Il fait de courts spectacles dits de sensibilisation, chaque heure. Comme il le faisait à la radio d'avant, il manipule l'absurde et l'impertinence au service de la libération de Polycarpe devenue le symbole de la libération de la radio du joug du succès.

– Wouahhhhh. La pommade a beau sentir fort, je perçois encore sa maudite odeur de pipe de réglisse !

À l'intérieur de l'auberge, Lucette et Sidonie sont traitées comme des vedettes qu'elles sont devenues. Elles y ont leurs chambres contiguës avec façade sur le lac. Un coin de la salle à manger est aménagé selon leurs besoins. Elles y exercent leur mission en vendant la pommade qu'on ne qualifie pas de miraculeuse, par pudeur sans doute. Elles conseillent avec assurance. Tous azimuts. Il leur a fallu un certain temps d'adaptation pour arriver à pouvoir conseiller. Elles avaient, en effet, toutes les deux critiqué toute leur vie, tout et même plus. Pas facile de passer de la critique négative à la promotion positive. Mais comme leurs arguments partaient d'une cause où il fallait agir contre quelque chose en se faisant les apôtres d'une résistance aux exactions d'un changement nocif, elles se sont bien adaptées. Les complices du milieu leur ont conseillé de ne pas céder à la tentation de couvrir la salle à manger de l'auberge d'ex-voto des guérisons obtenues et des témoignages de reconnaissance.

Dans tous les havres de paix autour du majestueux lac, on ne parle plus du monstre légendaire nommé Memphré, mais on défend et on détracte la controversée *Crème de Vouzailles*. Curieusement, on se préoccupe davantage des impacts régionaux du phénomène que du problème de fond. La population, traditionnellement discrète sur les fossés biculturels de cette région, se polarise autour de ceux qui considèrent toute l'affaire comme un problème, et des autres qui perçoivent ce remue-ménage comme une solution.

Et puis la sanction *ex cathedra* arrive directement des États-Unis, sanctifiée par un véhicule médiatique aussi impérial qu'une encyclique catholique romaine. Le réseau de télévision CBS, dans le cadre de l'émission-chapelle *60 Minutes*, s'est penché sur cette curiosité née au nord du quarante-cinquième parallèle. Mike Wallace, grand prêtre institutionnel de l'émission sacrée, un dimanche soir à dix neuf heures, après le reportage de la partie de football entre les prolétaires Packers de Greenbay et les aristocrates Patriots de la Nouvelle-Angleterre, tranche. Du quai de Georgeville, devant l'auberge, le cardinal Wallace minimise la cause et monte en épingle le succès commercial de la pommade dont il se moque. C'est le feu aux poudres autour du lac serein. Même l'abbaye Saint-Benoît-du-Lac s'inquiète du phénomène, de peur, probablement, que le succès de son fromage bleu L'Ermite ne fasse les frais du succès fulgurant de la *Crème de Vouzailles*.

La tension monte. La suspicion roule sur les routes et navigue sur le lac. On dit même que le premier ministre de la province vient d'interrompre son voyage de bonne entente en Corée du Sud pour ne pas se faire reprocher un jour d'avoir été absent lors d'une crise majeure dans son propre comté.

Le soleil vient illuminer et réchauffer le mois de mai. Mars a été cruel de neige tardive, avril s'est refusé à réchauffer les engelures de tempérament. Et, enfin, mai réchauffe. Séduit. Guérit. Quand il se met à faire beau et chaud, dans ce pays nordique, on remet les irritants et les révolutions à plus tard. Après les vacances, peut-être. Quand la rentrée d'automne aura eu lieu. Quand les couleurs flamboyantes s'engriseront. On verra. Mais pour le moment, il fait tellement beau...

21

Grâce au commentateur de sports perspicace, le «mystère finlandais», comme l'a titré un journal de Montréal, *La Presse*, est maintenant résolu. Il s'agit bel et bien d'une Finlandaise, Kansalaisvaikuttaminen Seppälä, dont il a été établi qu'elle est en fait l'épouse de Usakuonnotjaelämänkatsomukset Seppälä, ingénieur physicien pour les téléphones portables Eriikïa. Saku Seppälä, comme on l'appelle plus simplement, vient d'obtenir un rapatriement sanitaire d'urgence en Finlande. Pour sa part, la grassouillette accusatrice travestie a été retenue *incommunicado* à l'ambassade, discrète comme une paysanne recueillie sur une toile de Millet. L'ambassade s'est d'ailleurs refusée à tout commentaire sur cette délicate situation et la Gendarmerie royale a officiellement classé le dossier, puisque Radio-Canada, dans un communiqué de son responsable de la sécurité, Karl Bottine, a retiré toute plainte concernant l'événement malheureux, l'incident de parcours survenu lors de la remise de la médaille du gouverneur général au directeur triomphant de la nouvelle radio nationale francophone. Le président de la société, Avrum MacDonald, a même déclaré dans une conférence de presse convoquée à la cafétéria radiophonique de la capitale ludique canadienne, Montréal:

– Ce qu'il faut retenir de *what happened is that* Levain Vespey mérite tout ce qui lui arrive de bon. Jamais notre radio francophone *canadian* n'a obtenu un tel succès et *we're proud of it. Our english speaking network is already inspired by such a réussite. Such a* réussite que je vous présente : miss Gagnon-Gagnons...

– Gagnons-Gagnon.

– ... Gagnons-Gagnon, la nouvelle *director* des *programs* qui a une nouvelle juste pour vous.

– *Thanks*, Avrum. J'ai une nouvelle très *groovy* qui devrait vous plaire ainsi qu'à tous ces chers disparus que nous avons dû regretter récemment. Quelque chose de cool, *whatever-smart*. Un hommage, genre, à nos voix parties et à tous ces artistes du micro du passé qui doivent maintenant rester chez eux pour de bon. Notre nouvelle orientation des voix de synthèse nous a permis de libérer les maintenant anciens studios de radio du premier sous-sol. Nous les avons conceptualisés en salles de musée où le public baby-boomer pourra voir des photos et des artéfacts de toutes ces voix à qui nous devons ce que notre radio d'État est heureusement devenue. Pour aménager convenablement et à la mode ces nouveaux lieux de patrimoine, nous avons demandé aux équipes de l'émission de télévision américaine *Trading Spaces* de les redécorer. Ils l'ont fait de façon... de façon... super !

On voit pointer très nettement ses mamelons sous son chandail de tricot ajouré comme un filet de pêche. Une mode « qui se répand comme la terreur », comme disait toujours l'autre, depuis qu'un jeune pêcheur de homards a atteint les sommets de la gloire chansonnière. Le nombril de la jeune prodige de la programmation s'orne d'une épinglette aux allures phalliques représentant la tour de Radio-Canada et attire le regard vers son sexe comprimé comme une mangue trop mûre coincée dans un pantalon de lycra métallisé.

– Wouahhhhh. Ça sent.

– C'est cool que vous êtes venus en si grand nombre ce matin, et vous ne le regretterez pas. Vous allez être témoins d'événements exceptionnels qu'on voit rarement. Je sais que notre nombreux auditoire se préoccupe des conséquences de l'Ordre Nouveau radiophonique chez nous pour nos employés disparus de ces lieux ou de la vie tout court. Eh bien, *whatever-smart*, nous allons essayer d'alléger leur poids des âges. Ce matin, devant vous, nous faisons encan. Et tous les profits seront versés à l'Association des anciens afin de les aider à accepter de nous comprendre. Je laisse la parole à Fanelle Webard, notre directrice de notre fabuleux site Web. À toi, Fanelle !

– Wouahhhhh. Je vous le parie : une odeur de gomme à mâcher à la cerise dès qu'elle va ouvrir la bouche.

– Mer...

– Wouahhhhh. Qu'est-ce que je vous disais ?

– Merci, Marie-Pénélope. Eh bien, voici ! Le micro fonctionne ? On m'entend ? Merci. Que je suis heureuse de me trouver à ce micro pour vous faire vivre ce moment historique. L'encan aura lieu ce matin par Internet. Eh oui ! Formidable, n'est-ce pas ? Par Internet. En changeant les aménagements de nos studios en salles de musée, l'équipe de *Trading Spaces*, des gens super *in*, je dois le dire, se sont retrouvés avec des objets devenus inutiles. Des tables en forme de gourgane, des nappes de feutrine verte, des boîtes de connexions, des affaires de studios que je ne comprends pas, mais c'est pas grave, des supports de micros, et des micros. Toutefois, nous avons gardé toutes les affiches offertes par des stars de chez nous. Sur les écrans à plasma disposés un peu partout dans la cafétéria, vous pourrez suivre le déroulement de cet acte de solidarité et de reconnaissance. Nous sommes en ligne. Le premier item offert est...

Et la foire électronique se déploie avec beaucoup d'effets où l'on voit chaque objet à vendre virevolter, se déformer, racoler l'internaute anonyme et lui arracher quelques dollars US. À droite de l'écran, chaque dollar encaissé ajoute une brique à une construction qui finira, espère-t-on, par ressembler à une petite tour hexagonale, à l'image de la tour mère, dont on finit par reconnaître aux fenêtres, au fur et à mesure qu'elles se construisent, les photos miniatures des annonceurs, animateurs, journalistes maintenant silencieux en ondes. Une splendeur informatique qui suscite toute l'émotion indispensable à un bon spectacle. « L'émotion est garante du vrai », a récemment déclaré l'agent d'une cendrillon québécoise partie d'une lampe à l'huile d'une modeste cabane à sucre québécoise pour se retrouver au sommet de son art, sous les projecteurs de Las Vegas, sa filiforme silhouette glorieusement néonisée.

Les briques s'ajoutent les unes aux autres avec une générosité pour le moins imprévisible. Les prix obtenus étonnent. Les vieux auditeurs, les fidèles cocus, s'arrachent les souvenirs radiophoniques dorénavant révolus. On collectionne à qui mieux mieux. Fanelle Webard louche de satisfaction et s'émeut même dans sa chair strabique.

– Wouahhhhh. Je le sais, parce que ça sent moins la cerise et de plus en plus la pomme-cannelle.

Le ton des conversations baisse dans la cafétéria. Sur les écrans de plasma, on vend les microphones. Un à un. Le premier vient de se vendre au-delà de 30 000 $ US. Le silence s'installe. Le deuxième micro apparaît et on lui imprime les galipettes informatiques devant stimuler la vente. La vente est tellement stimulée, qu'elle s'excite jusqu'à un plateau de 50 000 $ US. Même plus un son de cognement de tasses de café dans leurs soucoupes. La frénésie commerciale atteint des paroxysmes que les rares journalistes de gauche qualifient d'orgiaques.

Avec la bandaison spectaculaire des acheteurs, surtout des collectionneurs de micros, la maison de briques est complétée, et un immense monticule de briques supplémentaires s'entasse sur le site jusqu'à obstruer les bandeaux autopublicitaires que Fanelle a fait financer à l'interne par les différents services, chaînes et émissions. Un million trois cent mille dollars US ! Y aurait-il plus d'anciens auditeurs que de nouveaux ? C'est impossible. Les sondages de cotes d'écoute l'auraient démontré depuis longtemps. À moins que de nombreux auditeurs aient caché leur allégeance à Radio-Canada ? Mais pourquoi ? Non. Impossible. Et pourtant...

Dans son lit, emmêlé dans sa couette de duvet d'oie, notre futé commentateur de sports suit l'encan sur son ordinateur portable Mac Platinum. Il n'y a pas que son sensuel matelas Tempur, une mousse visco-élastique conçue à l'origine pour la NASA, qui le retient au lit ce matin. Il veut comprendre. Alors, il pitonne. « Le savoir, ça se pitonne », avait-il déjà déclaré à des étudiants en communication qui avait fait un stage chez lui en l'aidant à repeindre le loft. Alors, il pitonne. En jouant sur les périphériques du site, il peut voir les adresses Internet incluses dans les courriels des internautes et des auditeurs qui misent sur les objets en vente. À la fin de la liste, il remarque qu'une même adresse revient systématiquement dès qu'un microphone profite de surenchères. Une adresse finit toujours par emporter le morceau convoité : usakuonnotjaelamankatsomukset.sepalla @ruokasuo-mi.erikiia.fi !

Il téléphone immédiatement à l'enquêteur Hilaire Sureau.

– Allô ? Sureau ? Je viens de vérifier les mises de l'encan... Savez-vous que...

– Oui. Je sais.

22

Levain Vespey a insisté, contrairement à ses habitudes, pour aller à Toronto, plus précisément à Niagara, avec sa voiture. Moins pour l'économie que pour la discrétion assurée. Le Service de mise en valeur synergique, le SMVS, nouvelle mouture du Service des relations publiques, occupe donc les banquettes de cuir de sanglier, couleur bourgogne, de la Peugeot 607 tricolore offerte par le gouvernement français, souvenons-nous-en avec émotion, lors de la cérémonie de réception de la médaille GAC (grand ambassadeur aux colonies). La récemment nubile Marie-Pénélope voulait rester à Montréal pour garder le fort, mais le directeur a insisté pour qu'elle s'efforce de déléguer un peu. Il lui a expliqué qu'il faut parfois laisser de la corde à ses subalternes pour identifier ceux et celles qui risquent de se pendre un jour.

Le trajet insipide de la route 417 en Ontario permet d'oublier le va-et-vient ridicule des poids lourds et de se concentrer sur la conversation ou des attouchements coquins. On se contentera de conversations aussi secrètes que les souvenirs d'alcôve. Levain laisse ses mains manucurées caresser distraitement le volant rembourré de la Peugeot. Il laisse son col roulé déroulé. Il a l'impression que le cou ainsi s'allonge et que le cachemire grenat vient dissimuler un peu son double menton.

Le fauteuil passager enveloppe l'ineffable Marie-Pénélope dans une jupe de daim si courte que son string en dentelle de Bruges, un cadeau d'un collègue de la Radio-Télévision belge, peut bénéficier de l'arrivée d'air frais sous le tableau de bord. Elle regrette un peu sa coiffure à base de gel qui lui interdit de se reposer sur l'appui-tête sous peine d'écraser ses pics meringués.

– Penne, dit Levain en riant (de ce diminutif de Pénélope qui n'y voyait pas l'allusion au monde des nouilles), Penne, je te regarde, là... Tu me fais penser au monde de la musique.

– Cool? *Come on*.

– Tu me fais penser que l'ukulélé est à la guitare ce que le string est au caleçon!

Marie-Pénélope le regarde dans les yeux, Levain garde les siens sur la 417. Marie-Pénélope ne croisera pas les jambes pour autant.

Karl Bottine se sent mal à l'aise. On lui a dit de laisser tomber le costume noir et la cravate qui faisaient un peu trop barbouze. Il porte un tee-shirt noir, zébré en diagonale de lettres argentées formant le nom du groupe Kiss. Son jeans noir, un peu serré, ne lui permet pas une position confortable de l'entrejambe. De toute façon, la soupe est chaude. Trop chaude. Il flaire la catastrophe. Il avale des Maalox comme d'autres suçotent des jujubes.

À droite de Karl, sur la banquette arrière, Fanelle se prend pour la reine du bal. Le succès retentissant de l'encan dans Internet lui revient aux lèvres, toutes les lèvres, comme une médaille de la Légion d'honneur revient sur tous les vêtements de ceux, et de quelques celles débrouillardes, qui l'ont tant désirée avant de l'y épingler. Depuis la floraison grandiose des succès de l'Ordre Nouveau, elle a eu la chance de monter dans un train en marche. Mais d'y monter tout de même. De faire partie du voyage. Maintenant, son succès lui donne l'impression de conduire, de façon autonome, son propre wagon. Comme les enfants dans les voiturettes des manèges. Elle a tendance, il faut bien le dire, à prendre sa part du gâteau pour tout le gâteau. Quand le succès monte à la tête, il provoque de la sorte des attaques de synecdoques. Comme je vous dis.

– Wouahhhhh. Heureusement que je ne suis pas dans la maudite Peugeot ! Le pot-pourri d'odeurs pourrait provoquer en moi un rejet du genre d'humain dont je ne me défends pas toujours facilement. Mais L'Anguirland dit qu'un chien ne peut être misanthrope. Pourquoi pas ? Dites-moi ? Imaginez le cocktail : un effluve de clous de girofle de la lotion de Vespey, les deux pieds de la barbouze, les émanations de cerise et de pomme-cannelle de la loucheuse, et les souffles insidieux du péteux de la Gagnons-Gagnon qui n'a pas de double que le nom de famille... Et un chien ne peut se réclamer de misanthropie ? Voyons donc !

Niagara est l'hôte du Congrès mondial des Radios institutionnelles publiques. Les RIP. Levain Vespey doit y prononcer la conférence d'ouverture. Il considère cette invitation comme une victoire qu'il doit partager avec son état-major. Les collaborateurs immédiats ont bien droit d'être témoins de la gloire du chef. C'est la moindre des choses. Une saine et moderne gestion du personnel. Éventuellement, nous ne pourrons décharger une responsabilité sur la carrière d'un autre que si nous lui avons d'abord permis de nous aider à atteindre le succès. Ce que Hitler n'avait pas compris.

La Peugeot est silencieuse. Karl aussi. Les autres écoutent Levain égrener le chapelet de tous les gains des derniers mois. Comme des litanies à sa gloire. Les autres, ponctuant les dizaines, phagocytent des miettes du récit auto-hagiographique du leader pour nourrir un peu leurs propres glorioles. Faut ce qu'il faut, cibole ! Dans une meute, le chef mange le premier, et tous les autres guettent les miettes. C'est la nature. Si c'est naturel, c'est normal. Ben voyons !

Comme tout le monde a entendu le récit à satiété, chacun sait précisément où intervenir dans le discours directorial. On finit par savoir où tombent les miettes et à quel moment précis.

– Vous allez voir comment je vais commencer mon discours. Écoutez bien. Imaginez la scène. Je vais fixer mon regard un peu plus haut que la normale, au-dessus de la foule. « Me voici imbécile, ignorant, homme nouveau devant les choses inconnues. » Claudel.

– Claude qui ? de sursauter Penne en rapprochant légèrement les genoux.

– Claudel. Paul Claudel. Un vieil écrivain. Il est mort en... en... Il est mort.

– C'est *off* pas à peu près ! *Looser*, même.

Elle se permet de détourner son regard vers le cortège de pylônes électriques. Des May West. Une structure métallique qui rappelle la silhouette de la célèbre artiste qui avait aussi inspiré le galbe de la classique bouteille de Coca-Cola. Sans pour autant compter les pylônes comme elle le faisait dans son enfance.

– Mais non. Stratégie. Il faut que vous appreniez tous à savoir jouer de l'humilité stratégique. Ne vous portez pas vous-mêmes aux nues. Vous pourriez tomber. Laissez-vous élevés comme Abraracourcix sur le bouclier porté par ses braves Gaulois. C'est le groupe, la multitude, qui devient le filet des funambules de l'accompli. Voilà pourquoi il en faut plus en bas qu'en haut. Vous me suivez ?

– …

– En faisant acte préalable d'humilité stratégique, vous vous mettez au niveau de la base qui vous considère alors comme un des leurs. De cette façon, quand ils vous élèvent, ils ont l'impression de s'élever avec vous. Et accepteront difficilement de participer à votre chute. Vous me suivez ?

– Comme vous dites : on suit, de chuinter Fanelle machinalement.

– Le présentateur va énumérer mes faits d'armes, mes réussites. C'est tout ce que ces présentateurs savent faire. Toi, t'arrives au cœur d'un panégyrique impressionnant, avec ton humilité. Le contraste est efficace. Comme le général Patton devant l'immense drapeau américain au début du film. Si un si petit homme peut assumer la défense d'un tel drapeau, il doit être lui aussi immense dans ses pouvoirs. Ça c'est du leadership. Vous me suivez toujours?

– ...

– Alors quand tu as fait acte d'humilité, tu te contentes de raconter les difficultés du parcours. À l'auditoire de conclure à tes mérites d'avoir triomphé. Je vais vous donner un exemple...

Penne avance la main vers le système de son et ouvre la radio. Balayage automatisé. La fréquence se fixe sur le poste de Radio-Canada. Celui de Windsor, à moins que ce ne soit celui de Toronto.

– Ça vient *anyway* de Montréal, d'affirmer péremptoirement Penne.

Ici la voix de Garou. Vous êtes enchaînés à la première chaîne de Radio-Canada. Pour vous informer, voici la voix de l'auteure Marie Laberge :

Bon après-midi. Il fait toujours aussi bon d'être rassuré sur la première chaîne de Radio-Canada. «Le Journal de Montréal» annonce ce matin que l'enquêteur Hilaire Sureau serait sur le point d'élucider le mystère, ce que d'aucuns appellent le « péril à la radio ». Des faits nouveaux auraient été portés à son attention. Hilaire Sureau songerait à étendre les tentacules de son enquête dans un pays étranger qu'il n'a pas précisé. À Ottawa, le milieu diplomatique...

– %#∞ «µ«Δ ! !'£«Σ6(*&JKø«π ! ne peut s'empêcher de dire Levain. Ferme ça ! Appelle ton hostie de service des nouvelles, pis arrange-toi pour qu'ils s'amusent sur d'autres bonbons, stie !

– Avec le cellulaire ? d'oser Marie-Pénélope.

– Sors-la, ta ciboire de bébelle !

– Pas trop cool, le boss ! On sait pus si t'es rap ou hip-hop... *Whatever-smart*.

– Pitonne, pis ferme-la.

Des deux côtés de la banquette arrière, la bourrure se creuse de quelques centimètres. Et chacun se recroqueville dans ses odeurs respectives.

23

Ce lac Memphrémagog s'est incrusté entre les montagnes pour y rester. On devait jadis le traverser pour aller de Montréal à Boston et en revenir. Assis sur le banc d'une embarcation encalminée, on se sent moine silencieux recueilli dans le chœur de l'abbaye qui se découpe dans l'ouest du paysage. Le lac ne se targue pas d'un fond banal ; il offre la pérennité d'abysses graves égayés d'effleurements plus ludiques.

Le grand quai de Georgeville prolonge le petit village loyaliste dans les eaux poissonneuses du lac. On y rêve, pleure, aime, réfléchit, désire, filme, peint, boit, amuse, persifle, rencontre. Dans l'ordre et le désordre. On y vit. Depuis quelques siècles. En pantalon de drap fin ou en salopette. Le long de tous les mariages de l'eau et de la terre, de tous les rivages, les quais sont des agoras présidées par le soleil qui s'y lève et s'y couche.

En ce milieu d'après-midi d'un printemps attardé, le quai reçoit une foule de quelques centaines de taches de couleurs. De la terrasse, on peut presque voir un tableau de Sisley : un vecteur tacheté de couleurs arc-en-ciel comme les truites, un dégradé de traînées violacées qui s'adoucissent en fins traits bleus doux avant de s'interrompre dans les volutes verdoyantes des montagnes d'en face. Un tableau que le regard de chacun agence à sa guise selon sa production personnelle de sérotonine.

La réunion a commencé sur la terrasse de l'auberge. Lucette, Sidonie, Mark-Yvon, L'Anguirland et son chien Cybèle, quelques bénévoles et le saucissier de Fitch Bay doivent y faire le point sur les impératifs exponentiels de production de la *Crème de Vouzailles*. Le succès est inespéré. La défense de Polycarpe Taschereau est largement financée. À l'ordre du jour de la réunion aujourd'hui : l'affectation des surplus de fonds. La bonne nouvelle s'est répandue aussi rapidement qu'une mauvaise. À telle enseigne que la discrète réunion s'est élargie par l'arrivée ininterrompue des VVV qui perçoivent les surplus d'argent comme un nerf pertinent pour leur combat. Depuis ce matin, les Valeureuses Voix Vivantes arrivent comme une marée inexorable. Une rue tranquille, bordée de chaudes maisons de bardeaux de cèdre, longe le parc du village. Cette seule rue de Georgeville tourne en rond et se mord la queue depuis les générations successives de politesses et de sous-entendus anglo-saxons. Les arrivants suivent le même rituel. Ils s'engagent dans la rue du Carré Copps, le parc, et s'y font prendre comme des homards qui ne reconnaissent pas la sortie de leurs cages. L'appât de cette « cage », c'est l'auberge McGowan. L'intelligence moyenne trouve le stationnement municipal habituellement au bout du deuxième ou troisième passage. Les Valeureuses Voix Vivantes s'exclament d'abord sur le charme fleuri du village, en se dirigeant vers l'auberge sur la berge. En arrivant aux abords de la terrasse, l'agglutinement est tel que le groupe devenu foule doit essaimer sur le quai assez grand pour recevoir tout le monde.

Deux propos tissent les liens dans la foule. Deux fils d'Ariane vers le salut qui s'entrecroisent à l'infini comme deux araignées qui n'arrivent plus à démêler leurs soies gluantes. Le premier commente passionnément la déclaration d'Hilaire Sureau. Les rumeurs courent dans tous les sens comme autant de souris prisonnières d'un espace clos. L'autre propos divise les VVV en deux clans antagonistes. Les Voix qui veulent s'engager dans un combat sans merci pour retrouver les ondes radiophoniques perdues et celles qui veulent que tous les efforts tendent à obtenir des compensations financières avantageuses et une retraite plus confortable. La gauche et la droite. Les rouges et les bleus. Les uns et les autres, quoi.

– Wouahhhhh. Les ramasseurs de nos crottes et les autres. Moi, le ramassage de crottes, je vais vous dire... Si on avait ramassé ce que semait le Petit Poucet, il n'aurait jamais retrouvé son chemin ! C'est tout ce que j'ai à dire là-dessus.

Le quai de béton du petit village de Georgeville est couvert de quelques centaines de jambes piétinantes. Il faut sans doute compter huit jambes par voix : chaque voix s'étant fait accompagner par une moyenne de trois paires d'oreilles. Le quai est bondé de monde comme si la foule voulait fuir le village en flammes en s'agglutinant sur un quai où n'accostent plus de traversiers depuis fort longtemps. Depuis le temps du *Lady of the Mist*. Mais c'est une autre histoire. Intéressante, mais une autre histoire.

On a emprunté à l'auberge un vieux mégaphone dont se sert à l'occasion la patronne quand elle abuse des fonds de pichet de sangria sur les tables et qu'elle pousse tous les débuts de chansonnettes dont elle peut se souvenir. Les orateurs se juchent à tour de rôle sur une des deux têtes-de-nègre au bout du quai. Tête-de-nègre ou bitte d'amarrage, on s'y attache de toute façon.

Un humoriste ornithologue ressemble un peu à Popeye en équilibre précaire sur la bitte en question. Sa tête disparaît derrière le mégaphone. Avant d'être bâillonnée avec les autres, sa voix caméléon prêtait son humour en ondes aux personnages connus de l'actualité. Il imite aujourd'hui alternativement un ministre et le directeur de Radio-Canada et dénonce par l'absurde le principe même de l'imitation.

– ... L'industrie chinoise est exemplaire. Elle fait reculer la notion même d'authenticité aux limites du combat capitaliste. Elle inflige aux marques et griffes exploitantes de la crédulité humaine le ridicule dont elle tire ses profits. Je dis : « Chapeau, la Chine ! » Pourquoi s'endetter pour un objet griffé quand on peut s'en offrir une copie pour moins qu'une chanson ? La direction de Radio-Canada considère les voix que nous sommes comme des objets griffés ! Elle nous clone au point de nous rendre ridiculement inutiles ! Nous n'avons plus affaire à un directeur, mais au Grand Timonier ! Ces voix de vedettes, de stars, qui occupent exclusivement les ondes maintenant à notre place, qui sont-elles ? Des échantillonnages électroniquement synthétisés. Des imitations. Des faux ! C'est moi qui le dis : mort aux imitations ! Soyons solidaires.

La solidarité dans le combat, surtout quand on n'y est pas habitué, rapproche. Toutes ces voix, si longtemps concurrentes, se reluquent, se découvrent. On serre les coudes et, tant qu'à faire, on serrerait bien autre chose. On flirte joyeusement sous le regard lubrique de l'aubergiste dont l'empressement professionnel en souffre. On se dit même que si on revenait un jour au micro, on se côtoierait beaucoup plus chaleureusement qu'avant...

Le journaliste-vedette, vêtu de pied en cap de vêtements *Tommy Hilfiger*, essuie consciencieusement le crachoir du mégaphone et refuse de monter sur la bitte pour prendre la parole. Son sens du ridicule, sans doute.

– Soyons raisonnables. Mes sources m'indiquent que l'affaire pourrait prendre un tournant insoupçonné. Je ne suis pas en mesure, pour le moment, de vous révéler le contenu de mes informations, mais faites-moi confiance. L'inspecteur Sureau se prépare peut-être à porter des accusations qui nous délivreraient enfin des doutes qui nous assaillent depuis la mort tragique de nos confrères et consœurs, l'atteinte à la santé de plusieurs d'entre nous. Il ne sera pas dit qu'après la vache folle, le poulet empoisonné, on parlera des voix étouffées. Trop de voix parmi nous se sont éteintes mystérieusement. C'est au nom même de ceux qui se sont tus à jamais que nous refusons de nous taire. Des berges de ce lac millénaire, nos voix s'élèvent haut et fort pour réclamer justice et compensation !

– Ouâghhhh. Ouâghhhh. Bravo, maître ! Bravo !

– Wouahhhhh. Tu parles d'un accent : *Ouâghhhh*. Les petits maudits modèles réduits de caniches de snob, moi, je ne peux pas les sentir ! *Ouâghhhh*. Ridicule. C'est comme péter plus haut que le trou, mais par la bouche. *Ouâghhhh*, mon cul !

Le mégaphone est au bras vengeur du chroniqueur des nouveaux médias. On dirait un Hobbit du *Seigneur des Anneaux* qui s'est emparé de l'outil de pouvoir du réalisateur de la trilogie. Monté sur la bitte, lui, il s'appuie de son bras libre sur l'épaule adipeuse de l'épouse qu'il s'était greffé lors de son exil dans l'Ouest canadien.

– Il faut prendre des moyens modernes de haute technologie. Je propose une action concertée pour engorger le site de nos bourreaux. Je le connais, nous l'avons mis sur pied. Ce qu'il s'agit de...

– On n'entend rien !

– Pèse sur le piton !

– La gâchette du mégaphone, fin finaud !

Il trouve enfin le commutateur placé de manière ergonomique sur la poignée du mégaphone.

– Il faut prendre des moyens modernes de haute technologie. Je propose...

– Moins fort !

– Oups... une action concertée pour engorger le site de nos bourreaux. Je le connais, nous l'avons mis sur pied. Je disais qu'il s'agit de...

Cybèle en profite pour prendre la tête de la meute de chiens et les guider vers un coin de rêve entre les bacs de déchets de l'auberge et la haie de roses trémières. Au faîte des arbustes, les fleurs rejoignent les déchets, mais, à la base, à hauteur de chiens, on accède à une aire discrète de soulagement où aucun ramasseur de crottes ne peut pénétrer. On peut s'y soulager à loisir et s'y sentir à plein nez. So-so-so-solidarité ici aussi.

– Wouahhhhh ?

– Woooouaaahh...

– Hoouahhhh !

– Ahhhhh.

Ne soyons pas indiscrets. Retournons sur le quai.

La bitte et le mégaphone sont à la voix qui s'est toujours élevée, au micro, contre le néolibéralisme économique et la déshumanisation inhérente à la mondialisation endémique. Elle démontre, dans un discours généreusement chiffré, tous les avantages financiers qu'il y aurait à négocier une entente monétaire avec la direction. De savants calculs actuariels prouvent, semble-t-il, que de judicieux placements boursiers serviraient la cause de tous et même celle d'une société meilleure.

– On y perdrait peut-être l'accès au micro, mais pour gagner une indépendance matérielle qui en vaut bien d'autres...

Impossible pour lui de dominer le son ambiant des conversations. On se rappelle de bons souvenirs, on blague, on ironise, on crâne, on flirte, on théorise, on blâme, bruyamment. Soudain, les décibels se calment. Un genre de Pentecôte. Une descente de langues de feu. Reporters et caméras des réseaux privés débarquent. Littéralement. Convoyés par bateaux de plaisance loués à la tête du lac, vingt kilomètres au nord. Sur le quai, ils plantent leurs trépieds comme Jacques Cartier a un jour planté sa croix au nom du roi de France. Contrairement au célèbre découvreur, la presse n'apporte pas la vérité, elle vient la chercher. Alors toutes les VVV présentes sur le quai se préparent instantanément à faire valoir la leur.

Un grand annonceur déclame inutilement sa dénonciation du népotisme. On lui demande d'ailleurs de fermer le mégaphone pour ne pas déranger les enregistrements qui se préparent. Le rituel médiatique s'amorce. On s'agglutine autour des objets du culte : micros, caméras, projecteurs.

L'ex-animatrice des émissions de la chaîne culturelle consacrées à la musique actuelle bénéficie du micro du journaliste du plus grand quotidien français d'Amérique pour développer un raisonnement d'avant-garde sur la nécessité d'établir une échelle de compensations financières indirectement proportionnelles aux cotes d'écoute d'avant l'Ordre Nouveau. Selon la branchée de l'électro-acoustique, les possesseurs de grosses cotes d'écoute pourront plus facilement se recycler que les marginales nécessaires de son espèce.

Du côté de la petite marina, la religieuse titulaire de l'émission quotidienne d'art culinaire est déchaînée. Devant la caméra du réseau Sacré-Cœur, elle tient un discours ésotérique où il est question de coupole de relais micro-ondes et de préparations confiturées destinées à engluer et obstruer les communications de l'Ordre Nouveau qui tiendrait du sacrilège médiatique... Elle livre sa recette pour réussir un retour sacré à l'Ordre Ancien.

Le rassemblement devient donc cérémonial avec l'arrivée des médias. Le couple d'aubergistes dresse quelques tables, en quelque sorte des balustrades, où l'on peut communier avec des crottes de fromage bénites d'une goutte de vinaigre balsamique dilué et des bouts de merguez fraîchement cuisinées à Fitch Bay. Les plateaux de nachos circulent comme la grâce entre les fidèles VVV.

L'ancien grand prêtre des émissions littéraires, avec son zozotement caractéristique, énonce *ex cathedra* une stratégie du gel volontaire des fonds de retraite, ce qui aurait pour effet, dit-il, de priver l'Ordre Nouveau de sa marge de manœuvre de gestion financière. On ne l'écoute pas beaucoup. Comme à la radio. Un voilier prend des passagers pour une balade romantique, et les allumés du cœur s'y précipitent.

Tous les chiens sont revenus sur le quai. Ils se goinfrent agressivement de bouts de merguez écrasées, de crottes de fromage qui roulent entre les jambes comme des balles de ping-pong égarées dans une salle de quilles.

Tous les vicaires de l'information, à peine accostés, sont pris en apartés successifs par les fidèles VVV. Certains font valoir de vieilles amitiés, de récentes complicités, la solidarité professionnelle, pour recevoir la bénédiction d'une interview. D'autres invoquent les mêmes raisons pour tenter de savoir s'il n'y a pas un boulot, une possibilité de boulot, un projet de boulot, une rumeur de boulot.

Autour du quai, indifférentes aux destins qui s'entrecroisent dessus, les ouananiches, de plus en plus nombreuses, découvrent les plaisirs des hors-d'œuvre de l'auberge McGowan. Cet accident de parcours, dans leur vie pélagique, sera déterminant. Il ne faudra que quelques années pour que leur destin à elles aussi soit hypothéqué : les ouananiches raffolent de ces bouts de merguez mouillées qui deviendront en effet un appât que les aubergistes vendront à la tonne aux pêcheurs sportifs qui connaîtront ainsi des pêches miraculeuses, eux, et désastreuses pour les salmonidés devenus accrocs à la saucisse d'agneau. De nombreux biologistes se pencheront sur le phénomène dans les années à venir pour tenter de comprendre ce comportement contre-nature des poissons. On aura vite oublié le rassemblement des VVV pour blâmer qui le réchauffement de la planète, qui les pluies acides, qui les déjections alcalines d'un hypothétique monstre des profondeurs.

Dans la salle à manger, Lucette et Sidonie font des affaires d'or. La *Crème de Vouzailles* devient un viatique obligatoire. Un engagement qui fait l'unanimité au-delà des différentes positions politiques sur l'action à entreprendre. Il faut contribuer à la défense de Polycarpe Taschereau. On parle de lui comme d'un saint. On croirait à une kermesse de centaines de personnes cherchant, un condom d'onguent à la main, comme des enfants s'éclatant dans une chasse au trésor. Chacun cherche son propre trésor perdu. Son revenu. Sa gloire. Son utilité. Son rôle. Sa motivation. Sa dignité. Son bonheur, finalement.

24

Lucette et Sidonie ne se quittent plus. Rien comme le succès pour sceller les complicités. Ce matin, maître Louis F. Lebeau, sera leur triomphe : Pol ne peut qu'être acquitté des accusations d'homicide involontaire retenues contre lui. L'avocat est formel : on ne pourra jamais faire la preuve que la *Crème de Vouzailles*, concoctée par le réalisateur pathétiquement à la retraite, a pu causer la mort mystérieuse des sept victimes.

Les fonds générés par la vente de la version décriminalisée du fameux onguent ont permis la mobilisation d'une pléthore d'experts et d'une batterie d'avocats qui rendent ridicule la pauvre procureure de la couronne aux moyens limités par les coupures récentes de budget au ministère et les brûlements d'estomac qui lui causent ses éruptions cutanées depuis sa séparation pourtant souhaitée d'avec son syndicaliste de concubin. Même l'enquêteur Sureau, à ses côtés, semble mal à l'aise de s'y trouver.

Les deux messies, les deux Jeanne d'Arc, les deux égéries du condom, les deux mamelles, les deux *pasionarias*, les disciples de Polycarpe Taschereau (les journaux ont stigmatisé et lié leur sort à jamais sous toutes les bannières) sont de neuf vêtues, ce matin fatidique.

Lucette porte une robe longue en tricot de mohair orange brûlée. Le maquillage a osé plus de vert à paupières qu'à l'habitude, et son coloriste l'a convaincue d'accentuer la flamme de ses cheveux coupés en diagonale. Elle s'est souvenue que Pol avait un faible pour les coupes asymétriques. Les nouvelles montures de ses lunettes à foyer progressif ont été livrées à temps. Elle avait craint que ce ne fût pas le cas. Montures qui offrent un torsadé mordoré relevé d'un arc-en-ciel fondu. Ce qui lui confère un charme et une audace qu'on ne lui connaissait pas. Elle n'arrive pas vraiment à sourire aux caméras à l'entrée du palais de justice, mais elle se dit qu'il vaut mieux avoir l'air inquiet au cas où la justice hésiterait, comme elle a elle-même l'habitude de le faire devant toute décision importante. La justice sera peut-être attendrie par cette inquiétude.

Sidonie Paxillaume s'est permis une double dose de neuroleptiques ce matin, avant d'enfiler son costume de cuir d'agnelle dessiné à la façon exacte d'un tailleur classique Chanel. Elle ondule dans cet étui comme la *Crème de Vouzailles* dans son condom. Aucun maquillage si ce n'est un peu de poudre de riz pour pâlir le teint et faire contraster la peau avec le vert forêt du cuir. Les cheveux sont remontés en un chignon autoritaire, dégageant la nuque nouée de nerfs en boule.

La salle d'audience est bondée.

Mais personne de l'Ordre Nouveau.

Quelques VVV.

Mais aussi quelques vampires avides de fluides corporels. Ils sentent le besoin de voir couler leurs semblables. Il faut que ça coule ! Du sang, des larmes, de la pisse, du sperme, de la sueur, etc. Une soif causée par leur désert intérieur, disons.

Le greffier rappelle l'accusation. Polycarpe Taschereau est donc accusé « d'avoir causé directement la mort de sept personnes et d'avoir atteint à la santé de plusieurs autres par l'exercice illégal de la médecine, la fabrication et la vente d'un produit mortifère sans permis ».

Les experts défilent à la barre. D'abord celui de la poursuite. Un petit fonctionnaire sans âge, sans charisme, qui regarde sa montre aussi souvent que ses notes. Tellement monocorde qu'il semble monochrome. Un petit bonhomme sépia qui affirme, du fond de son vieux bac en chimie, le danger de chacun des ingrédients de la pommade incriminante. Le baume de tigre, si ingéré en grande quantité, peut causer des lésions stomacales. Le haschisch séché induit aux comportements asociaux et amoraux quand on en mange, « c'est bien connu » affirme-t-il. Le piment de la Jamaïque, comme son nom l'indique, vient d'un pays où le trafic de drogue fleurit librement, c'est bien connu. Le café moulu, pour sa part, pourrait, on se doute bien, faire office de catalyseur des effets nocifs des autres ingrédients. La graisse de canard, elle, trouve grâce à ses yeux : il affirme même, soudain émotif, qu'il s'agit d'un produit tellement bon pour la santé, contrairement au beurre, à la margarine et aux huiles de toutes sortes, que les canards pourraient être menacés d'extinction si la bonne nouvelle atteignait trop de gens. Une petite tache verte sur le revers de son banal veston, une épinglette qui témoigne de son adhésion à l'association écologiste Canards Illimités.

Quelques péremptoires témoins, aux cheveux coupés très ras, viennent attester que le prévenu a bel et bien vendu ou distribué le produit exhibé.

Le médecin légiste lit ses notes d'autopsie. Scrupuleusement. Il y narre le processus de pratique. Et y revient dès qu'on lui demande des pourquoi. Il n'est compétent que pour les comment. Il ne peut nier que la pommade ait pu causer la mort tout en étant incapable de le prouver. Mais il se dit enclin à sympathiser avec les allégations de la procureure. Maître Lebeau le ridiculise en lui faisant avouer qu'il a utilisé lui-même les échantillons de la *Crème de Vouzailles* qui lui avait été fournis pour analyse pour guérir son eczéma et les tiques de son chien. L'argent recueilli par le comité de défense a permis d'enquêter sur tout et tout le monde. On sait même que le juge s'adonne secrètement à la danse en ligne !

Quelques témoins à charge balbutient quelques banalités sans conséquence et s'empressent d'aller noyer leurs témoignages dans des chopes de bière réparatrice. Chacun son onguent.

Jamais la Cour n'a résonné sous le charme d'autant de voix. On connaît bien les organes vocaux aux vibrations de trompettes au service de la rhétorique de la défense de la veuve et de l'orphelin. Mais ces témoins de la défense, aux voix harmonieuses, bien placées, aux harmoniques riches, aux sonorités nuancées, emplissent l'enceinte d'une musique de chambre qui enveloppe les protagonistes d'une ambiance pacificatrice. Tous ces organes professionnels de séduction viennent moduler un hommage reconnaissant à la *Crème de Vouzailles* et à son créateur.

La voix de L'Anguirland vient clore les témoignages de la défense.

– Wouahhhhh. Et je ne suis même pas admis. Le plus grand ami de l'homme, mon œil. Nos sorts aussi se jouent devant les tribunaux. Je jappe ici au nom de tous ces chiens des victimes de crimes, abandonnés sans ressources. Et même des fidèles compagnons de tous ces condamnés enfermés. On devrait emprisonner les chiens des coupables avec leurs maîtres. On peut condamner un homme mais pas ses liens. Pendant que j'y suis, je m'inscris en faux contre l'appellation de « chiens » qu'on accole aux policiers zélés. Nous ne méritons pas ce déshonneur.

L'Anguirland en impose. Son statut radiophonique de grand causeur de la connaissance a fait de lui, au cours des saisons médiatiques, un dépositaire du savoir humain, en particulier des savoirs marginaux et des théories d'avant-garde, de spiritualités éphémères à la mode.

Maître Lebeau lui pose une première question sur la légitimité historique des ingrédients de l'onguent en cause. Ce sera aussi la dernière question. L'Anguirland prend des allures de grand prêtre pour retracer les fonctions sacrées de chacun des ingrédients dans les civilisations diverses qui ont mené l'Homme au carrefour actuel de son Histoire. Fascinant, son exposé. À un point tel que les doigts du sténographe officiel s'arrêtent de noter.

C'est le policier de faction qui le rappelle discrètement à l'ordre.

– Les lettres de noblesse du baume de tigre, Votre Seigneurie, remonte à la nuit des temps. Les chercheurs s'entendent généralement pour situer le paradis terrestre, c'est-à-dire le berceau de l'humanité, en Irak, plus précisément en banlieue de Babylone. Et où est situé ce paradis? Je vous le demande. Entre le Tigre et l'Euphrate, Votre Seigneurie! Et le tigre est le symbole de la puissance reproductrice de l'homme, je ne vous l'apprends certainement pas, Votre Seigneurie. Déjà, le baume s'inscrit ici aux origines même de la démarche humaine de guérir de sa faute originelle. Les ingrédients du baume immémorial, depuis toujours, Votre Seigneurie, ont constitué le bouquet d'offrandes assemblées pour calmer le courroux des dieux. Déjà une mission noble: la pacification. Que peut-on reprocher à de telles intentions? Je vous le demande, Votre Seigneurie. Nous sommes ici dans la même symbolique des cadeaux offerts jadis par les rois mages. Le haschisch? me direz-vous, Votre Seigneurie. Il faut laisser partir en fumée les connotations déplorables de concentré d'énergie vers le monde interlope. Je déplore comme vous, Votre Seigneurie, que nos enfants et petits-enfants soient de nos jours sollicités pour financer les ambitions vénales de motocyclistes sans foi ni loi au détriment de la santé morale et physique de nos chers rejetons. Nous avons ici affaire, Votre Seigneurie, à des voleurs d'avenir, et je me situe du côté d'une justice vengeresse à leur égard. Mais ce n'est pas le cas qui nous réunit ici aujourd'hui, Votre Seigneurie. La *Crème de Vouzailles* ne contient que de la poudre de haschisch. Et cet onguent n'est destiné qu'à oindre. À recouvrir un mal de ses vertus, en quelque sorte. Sans oublier que cet ingrédient était la monnaie d'échange de la route de la soie. La route qui a permis l'évolution économique des civilisations qui l'ont empruntée. La route des échanges et des métissages qui sont à l'origine de l'épanouissement de l'espèce humaine, la nôtre, Votre Seigneurie.

Les paroles émises par la voix barbue ne rencontrent pas la moindre molécule de bruit. Le tribunal est devenu cénacle, le Saint des Saints. Un moustique s'écroulerait au sol avant d'oser battre la moindre aile. L'Anguirland déploie les siennes dans une éloquence consacrée par tant d'années de ministère dans la chapelle des ondes. Sidonie et Lucette ont la bouche ouverte comme si leur tympan s'était déplacé au fond de la gorge. Elles ne sont pas seules à offrir ainsi leur haleine indiscrète à l'atmosphère solennelle de l'enceinte.

– Ici, il faut humblement le dire, Mon Seigneur, la langue française manque de culture. Je m'explique. La *Crème de Vouzailles* contient du piment de la Jamaïque. Banal ? Pas du tout ! Il s'agit ici d'une traduction inadéquate. En anglais, cet ingrédient rassembleur se nomme *Allspice*. L'épice qui les contient toutes. Encore une fois, au-delà des différences, des races, des goûts et des couleurs, un symbole d'unification, donc de pacification. Et l'on veut insinuer que cet onguent est une menace, voire un danger ? Que cette concoction se serait avérée meurtrière ? Impossible, Votre Seigneurie. Toutes les bonnes intentions de l'humanité en font partie. Réunies dans la célébration du bien contre le mal. Liées par un corps gras dont la pureté fait l'unanimité : la graisse de canard. Cette même graisse qui protège l'oiseau contre les agressions des intempéries avant d'agrémenter les papilles humaines dans un sacrifice réjouissant. La graisse de canard, c'est la santé, Votre Seigneurie. Résumons-nous, Votre Seigneur. Le prévenu, qui a toute mon admiration, a réuni quatre ingrédients, en quelque sorte les quatre chevaliers de l'Apocalypse, qui représentent la quintessence de la transcendance humaine. La vitalité relationnelle du tigre, la puissance économique du haschisch, le rassembleur Allspice et la source énergétique du canard. Qui plus est : l'onguent est distribué dans des condoms qui sont devenus, convenons-en, l'instrument incontournable de prophylaxie « du mal qui répand la terreur », comme disait le fabuliste ; un objet non pas honteux mais plutôt symbolique de la prise en main de notre santé, de notre destin. Les singes ne portent pas le condom comme vous et moi, monsieur le juge. Permettez-moi, Votre Seigneurie, de vous faire remarquer que nous touchons ici aux quatre besoins fondamentaux des humains. Besoins relationnels, de sécurité, de stimulations culturelles et énergétiques. Et ce moteur à quatre temps qui fait avancer l'humanité depuis la nuit des temps serait soudainement devenu nocif ? Non, Votre Seigneurie. L'accusé devrait non seulement être acquitté mais remercié et même décoré pour son geste non pas criminel mais auguste !

C'est la fin des procédures. Le juge hésite, en prononçant l'acquittement, à émettre un *Ite Missa*

Est historique. Mais ce juge n'a pas la réputation de collectionner les précédents.

Sur le parvis du palais de justice, c'est la liesse. Un dimanche matin ensoleillé en plein après-midi pluvieux. Auprès de la rue Notre-Dame, on entoure Polycarpe Taschereau comme les disciples autour du Christ sur le bord du Jourdain. Lucette et Sidonie, pourtant si dévouées à la cause du héros et de ses célèbres condoms, éprouvent toutes les difficultés à rester dans la proximité immédiate du prophète. Polycarpe se doit à tout le monde, et les deux dévouées disciples de la première heure doivent se contenter de l'amertume du rang. Elles ne sont pas loin de penser que la justice leur cause une injustice.

L'Anguirland et le héros Taschereau, bras dessus bras dessous, accordent des entrevues à la chaîne. Lucette et Sidonie attendent leur accès privilégié auprès de Pol. Dans le tourbillon médiatique et l'enthousiasme des VVV présentes, Pol Taschereau s'engouffre dans une limousine avec L'Anguirland et deux reporters de télévision. Dans un douloureux silence, les deux élégantes retournent à pied à l'appartement de Sidonie, tout près, dans le Vieux-Montréal.

Dans cet appartement, Sidonie Paxillaume ouvre la radio déjà syntonisée à la fréquence de Radio Notre-Dame. Une station dite communautaire qui appartient à l'archevêché de Montréal. Une amie à la retraite y anime des émissions de rencontres, en bénévole. Le bulletin de nouvelles fait état de l'acquittement de l'ancien réalisateur et mentionne même le travail du comité de défense et sa méthode de financement. On annonce aussi la nomination de Levain Vespey à la présidence du Rassemblement international de promotion des ondes de l'Unesco, le RIPOU.

Puis, l'amie bénévole présente son émission de rencontres. Un homme se confie à l'animatrice avec des accents de sincérité indéniable. Il raconte d'une voix blanche sa complicité à des actes répréhensibles qu'il ne précise toutefois pas. Il avoue une ambition dévorante et une soif de pouvoir dont il a enfin compris les conséquences dévastatrices. Avec émotion, il explique son cheminement. Il a retrouvé la foi. Foudroyé, dit-il, d'une grâce pour la gloire de laquelle il veut consacrer le reste de sa vie. Dans un monastère. Il se retirera désormais dans un monastère cistercien de Rougemont, pour se consacrer à la sécurité du lieu saint et à son verger. L'animatrice, une émule de L'Anguirland, lui rappelle que la pomme est le symbole par excellence de la connaissance depuis Adam et Ève. Quand elle lui demande son nom, il n'accepte que de livrer son prénom : Karl, avec un K. Pourquoi avec un K, lui demande-t-on.

– Je suis un homme de paix, de sécurité. Dans les services policiers, il y a longtemps, on a reçu une formation de diction et de phonétique pour se faire comprendre des étrangers informateurs. Je m'appelait Karl avec un C à l'époque. Quand on nous a expliqué la manière de faire le K, je me suis senti interpellé. On nous a expliqué, je m'en souviens comme si c'était hier, que pour prononcer un K, « l'occlusion buccale est forée par le dos de la langue qui s'appuie fortement contre la voûte palatine, pendant que la pointe reste en contact avec les incisives inférieures, puis la langue s'affaisse et le passage devient libre pour que la consonne explose». Cette manière de toucher le haut comme le bas de la bouche en même temps pour mieux frapper m'a sauté en pleine face comme un diplôme à celle d'un ignorant! C'était comme les astuces de nous autres, gens de sécurité, pour s'infiltrer partout à la fois avant de sévir. C'est pour ça, le K. Karl avec un K.

25

Polycarpe, dans l'euphorie de sa libération, a bel et bien promis à son ancienne assistante Lucette Lampion et à sa collègue Sidonie Paxillaume de se joindre à elles, avec les autres membres du comité de libération, pour célébrer la victoire. La moindre des choses. Elles n'ont vécu que pour faire innocenter cet homme depuis des mois. Elles ont fourré de leurs propres mains des milliers de condoms de *Crème de Vouzailles* pour répandre la bonne nouvelle et engranger les bénéfices au service de ce retraité qu'elles ont réussi à sortir de l'ombre et des cellules.

Les hors-d'œuvre, tapas, sushis, amuse-gueules envahissent le loft de la Paxillaume comme les lampions dans un sanctuaire de pèlerinage. Les bouteilles de vin s'impatientent aux extrémités du décor comme des quilles avant l'ouverture d'un salon de quilles un samedi matin. Des douzaines de condoms d'onguent font des guirlandes au plafond comme les chapelets de saucisses suspendues dans la boucherie de Fitch Bay. Même l'air climatisé est festif. Ça sent le triomphe. La grande Lucette et la compacte Sidonie anticipent une reconnaissance bien méritée. Une odeur de mayonnaise domine le décor.

L'Anguirland, Mark-Yvon et les autres purs et durs se régaleront. L'abondance pourra satisfaire la joie solidaire d'au moins trente personnes. Il en restera sans doute pour faire un don au Refuge des sans-abri. On s'imagine déjà les poivrots du Vieux-Montréal et les psychiatrisés déambulant dans les ruelles, s'installant à la fraîcheur des poubelles commerciales pour engouffrer les bouchées délicates à pleines mains. Avec une rasade de vin ou de lotion à barbe.

Les deux joyeuses occupent la causeuse de cuir vert pomme signée Mariette Clermont. Tout est prêt. Les plateaux sont recouverts d'une pellicule Saran Wrap pour éviter le moindre dessèchement. Les brins de conversation n'arrivent pas à se tisser. À quoi bon, on attend. On amorce distraitement des sujets qui restent accrochés dans l'odeur de mayonnaise. La Lampion se lève et se rend à la fenêtre panoramique pour voir si... Elle en profite pour placer un verre, une bouteille, un plateau un peu plus à gauche, un autre moins à droite. Inévitablement, la Paxillaume attend une minute ou deux, puis refait le trajet de piétinement en replaçant tout ce qui a été déplacé par l'autre. Une touche et l'autre retouche. Et elles recommencent. De plus en plus nerveusement.

– Tu leur as dit ? Ils savent le chemin ?

– Sidonie ne commence pas ! Je sais ce que je fais. La logistique, c'est mon métier, je te ferais remarquer.

– Ne le prends pas comme ça.

– Ça recommence.

– Tu penses à quoi, là ?

– Laisse faire. Ce n'est pas le temps. Je n'ai pas envie de refaire une migraine.

– Je n'ai rien à voir avec tes migraines. Tu le sais. Prends une tisane en attendant.

– Tes tisanes, je vais te dire...

Le premier bouchon venait de sauter. Les Épenottes 1999, Beaune 1er cru, Domaine Pierre Bourée fils. Un spectaculaire rapport qualité-prix d'après le guide des vins Chartier. Le nouveau missel de Lucette et Sidonie. Elles ne boivent plus que des sélections Chartier. Un si charmant sommelier champion. Si raffiné. Et reconnu internationalement ! Pour un p'tit gars des Laurentides...

La pellicule sur le plateau de bouchées de crabe tièdes au safran s'est retrouvée chiffonnée au fond du sac blanc de la poubelle à pédale.

– J'ai trop faim.

– À ta santé, Sidonie.

– À la nôtre. On l'a bien mérité.

Le temps passe, le plateau se dégarni, la bouteille aussi.

– Toujours rien ? Qu'est-ce qu'ils font ? Ta sonnette fonctionne-t-elle ?

– Mais oui. Voyons donc. J'ai bien peur que les kiwis fourrés aux moules bleues ne dépérissent...

– Comme nous, je suppose.

– Tant pis. J'en débouche une autre. Même domaine : Domaine Pierre Bourée fils. Un Gevray-Chambertin 1er cru 1999 aussi ! Rien de trop beau pour nous, ma belle. Ça s'appelle Les Champeaux.

– On y fait sauter le champeau !

– À ta santé, ma Lucette.

– À la tienne, ma Sidonnette ! La sonnette ! Vite. Va ouvrir ! Je range tout. Mon Dieu, je suis étourdie. Pas une migraine, j'espère ?

– La sonnette, Lucette, c'est...

– Laisse faire la Lucette, je l'entends ta sonnette ! Réponds !

– La sonnette, Lucette, c'est le téléphone. Passe-le-moi. Là. Sur la tablette. Merci. Allô ? Qui ? Voyons donc ! Je comprends... Tout de suite.

Sidonie Paxillaume est livide. Et les kiwis aux moules bleues mêlés aux bouchées de crabe au safran nageant tous ensemble dans les fleurons du Domaine Pierre Bourée fils n'y sont pour rien.

– Sidonie ! Tu me fais peur ! J'appelle un médecin ?

– Laisse faire la panique. Ouvre vite la télé. Passe-moi la télécommande. Pas celle-là, l'autre, cibole ! CNN... CNN... Ah oui, le numéro 500.

– *Shit !*

– Cibole !

La nouvelle fait le tour du monde à une vitesse qui devrait causer à Jules Verne, dans sa tombe, une forte dépression *post mortem*. La Bourse s'affole. Les titres de haute technologie, les produits de communication s'effondrent sans pudeur. Tout se court-circuite comme des fils dénudés agités par la tempête. La source du mal se situe à Helsinki.

– Tu le reconnais ?

– La cibole de face de rat ! Saku Seppälä !

Le scandale a éclaboussé la proprette Finlande hier matin. Le spécialiste de la téléphonie cellulaire, le consortium Eriikiä, est formellement accusé de meurtre pour avoir expérimenté une nouvelle technologie de mobilophonie super puissante. Plusieurs expérimentateurs, employés par leur laboratoire, auraient été rendus gravement malades par l'utilisation du nouveau produit. On impute quatre morts à cette puissante technologie. Dans le monde entier, on ne répond plus aux communications par cellulaire. S'il fallait... À Helsinki, le groupe Eriikiä fait reposer le blâme sur l'ingénieur chargé de développer le nouveau produit, Saku Seppälä.

Il s'agit d'une nouvelle génération de téléphones portables capables d'un rayon d'action considérablement augmenté. Les reporters de CNN rappellent qu'il y avait déjà eu des mises en garde contre l'usage excessif de ces téléphones. Un spécialiste du MIT explique qu'une grande partie de l'énergie électromagnétique générée par le portable pénètre dans la tête, assez pour atteindre les structures nerveuses comme les méninges, le nerf optique et même l'hypothalamus, augmentant ainsi la température du cerveau. Il précise que l'on identifie depuis un certain temps l'ensemble des symptômes comme la maladie des radiofréquences. On lui demande de décrire les effets.

– Avec la mobilophonie actuelle, on peut constater, dans les cas d'usage abusif, une augmentation sensible de l'irritabilité, des céphalées, des nausées, de l'anorexie, de certaines modifications de la fréquence cardiaque et de la pression artérielle...

On passe en Italie, à l'Université de Sienne, où le docteur Santini, un expert en la matière, rappelle :

– ... le décret n° 381 du 10 septembre 1998 a adopté ici, pour l'exposition des populations aux hyperfréquences générées par les stations relais, une limite de $10\mu/cm^2$. Un seuil de 45 à 90 fois plus bas que les normes mondiales actuelles.

De retour en direct à Helsinki.

– Tout se mesure en fait en SARS (*watts of radiation from mobile phones per kg of brain*). La nouvelle technologie développée secrètement par le laboratoire dirigé par l'accusé Saku Seppälä aurait augmenté les SARS de 7000 %. Un porte-parole du groupe Eriikiä insiste pour dire que les cobayes ont reçu la directive d'utiliser les appareils expérimentaux avec un mini casque-micro pour garder éloigné de la tête l'appareil proprement dit. On nous a expliqué que la dose dangereuse de radiation diminue en effet de $1/64^{e}$ du carré de la distance. L'OMS, l'Organisation mondiale de la santé, a rappelé hier soir en fin de soirée qu'elle avait déjà mis en garde l'utilisation exagérée de ces téléphones à qui l'on attribue une augmentation de 30 % des tumeurs au cerveau et qu'il est probable qu'une accélération exponentielle de l'Alzheimer soit aussi à craindre. Dans ce rapport, il est aussi question de démence sénile et de dégénérescence mortelle.

Pendant les deux jours suivants, le petit monde des médias de Montréal s'agite, triomphant ou apeuré selon qu'on fait partie des rejetés ou des bénéficiaires de l'Ordre Nouveau à Radio-Canada.

Deux jours et deux nuits où les laissés-pour-compte de l'urbanité montréalaise souillent les ruelles et les réduits de cour comme jamais. Un chroniqueur à la mode écrit même : « L'abondance de luxe est indigeste aux démunis, la charité peut être cruelle. » Sidonie a nourri les itinérants avec un luxe et une abondance incompatibles avec les estomacs habitués aux soupes populaires.

26

L'inspecteur Hilaire Sureau connaît son moment de gloire. Madame Sureau collectionne, haletante, vidéos et pages de journaux où son mari est perché, à son tour, sur toutes les branches de l'actualité.

– Nous sommes en mesure d'accuser formellement la direction du réseau français de Radio-Canada, principalement son directeur Levain Vespey, des meurtres prémédités des individus décédés dont voici la liste écrite. Nous portons également des accusations contre un dénommé Saku Seppälä, citoyen finlandais, et un certain Karl Bottine. Messieurs Seppälä et Bottine sont toujours au large et font l'objet d'un mandat d'arrestation. Dans le cas du prévenu Saku Seppälä, les démarches d'extradition suivent leur cours. Nous sommes sur les traces de Karl Bottine, qui serait réfugié dans un monastère de la Montérégie. Monsieur Levain Vespey s'est rendu à la police en compagnie de ses avocats. Nous l'interrogeons actuellement.

L'accusation précise que les prévenus sont accusés d'avoir placé à l'intérieur des micros des studios de radio un mécanisme miniaturisé d'écoute et de transmission destiné à renseigner la direction des propos tenus en studio hors micro. Le mécanisme puissant est en fait la nouvelle technologie

Eriikiä que son représentant aurait lui-même installée dans les microphones des studios. Les dommages subis par les animateurs, journalistes, chroniqueurs, annonceurs, lecteurs de nouvelles seraient donc attribuables à la trop grande proximité de ces mécanismes dont les radiations peuvent être nocives, voire mortelles, à partir d'une certaine dose. Ce qui expliquerait la disparition de voix précieuses des ondes canadiennes.

Les médias privés et la presse écrite se tournent vers les Arthur Conan Doyle et les Agatha Christie de leur personnel. Les explications, les motivations les plus farfelues inondent un public affamé de savoir. On demande son avis au moindre citoyen, du sportif au politique en passant par le restaurateur et le vieux délateur prostatique.

L'hypothèse la plus remâchée veut que le prévenu principal ait voulu faire taire les voix de la radio pour éventuellement les remplacer lui-même. On argumente, à cet effet, que la direction a d'abord contrôlé le contenu des émissions, puis les formules de mise en ondes, et qu'il ne lui restait plus qu'à les présenter elle-même. On souligne que ce fut le cas, quelque temps, au début de la crise. Les jeunes éditorialistes professent leur soutien indéfectible à l'Ordre Nouveau de Radio-Canada. L'un d'eux, féru de peinture, explique que, depuis les impressionnistes, un tableau n'existe que par la synthèse visuelle effectuée par le regard porté sur celui-ci. Pas de regard, pas de tableau. Pas d'auditeurs, pas de radio. Publique ou pas. On va jusqu'à affirmer péremptoirement que les jeunes oreilles offrent des conduits incompatibles avec les harmoniques et le dire des vieilles voix.

On se divise avec passion entre les tenants de l'Ordre Nouveau de Levain Vespey et les nostalgiques de l'ancienne radio publique. Des amitiés se nouent et se déchirent sur la question. Des antagonismes virulents font irruption comme de vieux zonas oubliés. On ne fait pas référence à l'affaire Dreyfus d'il y a longtemps en France, mais c'est parce que personne n'y a encore pensé. Plus de droite et de gauche, de fédéralistes et d'indépendantistes, de bleus ou de rouges, de conservateurs ou de libéraux. Il n'y a plus que les ON et les ILS. Les Ordre Nouveau et les Inconditionnels libres du *statu quo*.

Le procès est télévisé. Les bureaux, les endroits publics, les écoles se branchent sur l'événement. Une autre faille socioculturelle refait surface : le fossé entre les francophones et les autres. Les uns sont soudés au procès comme l'agneau à la mamelle de la brebis et les autres rêvent de richesses et de gloire instantanées en tétant les émissions américaines de télé-réalité ! Picasso, dans une période de sa vie, aurait apprécié cette société bleue et rose : les Barbes-Bleues et les Cendrillons. On s'égorge pour éviter le malheur ou on rêve de séduire tout le monde et soi-même dans une félicité en carrosse d'or !

La Cour, dans un précédent historique, vient d'accepter de brèves interruptions des procédures pour permettre l'insertion de publicités dans la télédiffusion du procès.

À la barre, une commandite d'une chaîne de pharmacies, le chimiste médicolégal Albert Listerine. Il s'applique à expliquer les causes de la mort des victimes. Hypertrophie de la glande thyroïde, dérèglement hormonal majeur, tumeurs cancéreuses aux cordes vocales, Alzheimer fulgurant, atrophie de l'oreille interne et perte d'équilibre, opacification de la cornée.

Les cabines téléphoniques ne fournissent plus. Les téléphones portables ont alimenté, hier soir, un immense autodafé qui a réuni des milliers de ILS dans un parc municipal. Malheureusement, en fin de soirée, un groupe d'irréductibles d'ON est arrivé en trombe pour éteindre le feu purificateur. De nombreux blessés, évidemment, dont on n'a rien à foutre ici.

Dans la salle d'audience, les caméras présentent souvent des plans rapprochés des spectateurs privilégiés. L'admission dans ce cénacle est devenue une sanction sociale, un imprimatur de la parole, un accessit à la célébrité essentielle à toute sainteté. Marie-Pénélope Gagnons-Gagnon trône au premier rang. Juste derrière l'accusé-vedette, son gourou. Elle s'obstine à porter les vêtements ingénument provocateurs de ses débuts, malgré le fait qu'elle boudine maintenant de partout, alourdie de trop de pizza congelée qu'elle suce comme des glaces à longueur de journée, en souriant au ralenti, le temps de laisser promener sa langue sur ses gencives sans doute pour y chercher sa gomme à mâcher entre deux suçotements de pizza glacée.

Le physicien Robert Brunet, professeur émérite, une sommité dans le domaine des radiations, témoigne sur bande vidéo. Navigateur invétéré, il n'a pas voulu quitter son voilier. Il explique interminablement, dans le moindre détail, comment l'utilisation de la nouvelle cellule de transmission Eriikiä modifiée a, effectivement, pu causer de tels dommages. Un témoignage capital que le réalisateur de transmission télévisuelle interrompt en fondu enchaîné pour diffuser quelques promos annonçant l'horaire des prochaines diffusions. On revient au procès au moment où le juge demande le silence. Pendant le visionnement du témoignage du docteur Brunet, l'auditoire de *Who's who* en avait profité pour échanger des commentaires à voix basse et manipuler la logistique stratégique de la pratique du Kimajavekiou (quimange-avec-qui-où), un genre de fengshui prorelationnel.

La poursuite affirme théâtralement qu'elle n'a rien promis à Karl Bottine pour son témoignage à charge. On fait entrer, sous bonne garde, l'ancien responsable de la sécurité, considéré comme un complice de l'accusé Vespey. Il porte fièrement la bure des moines cisterciens, bavette et capuchon noirs sur robe blanche, pieds nus dans ses sandales en dépit du désavantage perceptible de ne pouvoir utiliser de poudre anti-odeur au monastère. Le frère Bottine, tout de même menacé de changer de cloître, jure sur sa foi retrouvée de dire la vérité, toute, et rien que ça.

– Maître... ?

– Jacques Éven. Je représente le frère Bottine et je voudrais rappeler au bon plaisir de la Cour la bonne foi de mon client qui se présente devant vous aujourd'hui grâce à une permission toute spéciale du père Abbé. Il serait souhaitable que la Cour et les millions de téléspectateurs témoins de la justice en action se rappellent que mon client n'est pas le premier à trouver sincèrement la voie du droit chemin et de la Vérité à une croisée des chemins de sa vie. Rappelons-nous, Votre

Seigneurie, saint Paul lui-même sur le chemin de Damas, et plus près de nous, un des premiers poètes de notre belle langue française, j'ai nommé Rutebeuf.

– Abrégez.

– En marge de la loi, Rutebeuf écrit qu'il a eu « froid au cul quand bise a venté », mais il s'est repenti quand il s'est senti écrasé entre le poids de ses fautes et l'indifférence du monde ; dans *La Repentance*, Rutebeuf, le marginal, le mis au ban, rappelle aux étudiants querelleurs, insolents et buveurs qu'« il n'en sortira que des maux et des tourments ». C'est dans cet esprit de repentance qu'il faut entendre mon client, Votre Seigneurie.

Dans la salle, on rit sous cape ou l'on fusille du regard. Un médium verrait dans l'atmosphère des volutes enlacées de mépris et de grâce sanctifiante tentant de s'égorger comme des boas féroces et ennemis jurés. La pause commerciale se termine sur une invitation devenue cynique à se procurer à rabais un nouveau modèle de téléphone portable. Le frère Bottine, les yeux mi-clos dans sa pieuse repentance, témoigne.

– Tout ce que j'ai pu faire que l'on considère ici comme répréhensible, je l'ai fait par respect nécessaire à toute hiérarchie de pouvoir. Au monastère, j'ai fait vœu d'obéissance. C'est ma nature profonde. Auprès des responsables de Radio-Canada, je n'ai fait qu'obéir sans poser de questions. Comme un brave soldat respectueux de l'autorité indispensable au bon fonctionnement de...

– Objection, Votre Seigneurie.

– Objection maintenue. Aux faits.

– Je vous obéis, Seigneur. Mais je voudrais ici citer la Bible...

– Une autre fois, merci.

– Comme vous voudrez. Je poursuis alors. L'ingénieur finlandais m'a instruit sur l'installation du dispositif. J'ai fait des études en génie électrique, et la direction du service technique a refusé, à l'époque, de reconnaître mes compétences en me laissant croupir au bas de l'échelle des techniciens de la radio. À ma place, Votre Bonheur, vous...

– Aux faits.

– Il s'agissait d'installer discrètement ces modules modifiés dans la gaine des microphones. La cellule devenait, si vous comprenez bien, à la fois un microphone caché et un émetteur minuscule dont on pouvait capter les ondes dans un rayon de cinq kilomètres. À plus forte raison aux étages supérieurs de la direction. Dans un souci de bonne gestion, j'imagine, il fallait que les patrons, enfin surtout le patron, soient bien informés de ce que l'on pensait de l'Ordre Nouveau apporté avec son leadership. Levain m'a déjà expliqué que, dans certains cas, la faim justifie les moyens.

– La fin...

– Eh oui, la faim. D'ailleurs, à propos de nourriture, les Saintes Écritures nous racontent que Jésus, qui était le directeur général des apôtres, s'arrangeait pour toujours séparer le bon grain de l'ivraie, une sorte de désherbage de son personnel, je crois.

– Vous avez jadis signé des articles techniques complexes sous le pseudonyme de Karl Hertz. Vous avez un certificat technique, vous connaissiez les dangers de radiation de ces mécanismes Eriikiä ?

– Non. Dieu m'en garde ! Je savais que... non... je ne savais rien. Je n'ai été qu'un apôtre obéissant à l'Ordre Nouveau. Et je ne ferai pas de moi un Judas devant la Cour et les médias. Je crois toujours à l'Ordre Nouveau de notre institution radiophonique nationale. Comme le sermon sur la montagne où les poissons se sont multipliés pour satisfaire la foule, la nouvelle radio a multiplié ses cotes d'écoute. Un succès qui certifie aux croyants comme moi le bien-fondé des changements que nous devons à Levain Vespey. Je voudrais ajouter un mot pour les VVV. J'ai toujours été un admirateur des Voix valeureuses de notre radio traditionnelle. Mais je ne suis pas navré de leur silence. Au contraire. Elles vont apprendre la valeur du silence dans la poursuite de la Vérité. C'est la grâce que je leur souhaite.

Le contre-interrogatoire se bute systématiquement aux convictions du témoin qui garde son odeur de sainteté à la barre et ses odeurs de pied au ras du sol.

– Wouahhhhh. Je ne regrette pas qu'on refuse aux chiens l'accès aux tribunaux.

On ajourne pour le lunch.

À la table du juge, toujours la même dans le même restaurant de fruits de mer, on discute l'extradition éventuelle de l'ingénieur finlandais. Aux coquilles Saint-Jacques à la nage, le juge rappelle que la Finlande et le Canada ont signé un traité d'extradition en 1985. Aux huîtres, il précise la date: le 16 février 1985. On en est à la raie aux câpres quand la nouvelle arrive à l'oreille des convives. L'ingénieur, Saku Seppälä, est mort à Helsinki au cours de la nuit. Il s'agirait d'un accident professionnel. La télévision présente une entrevue avec l'ambassadrice de France en Finlande. Ironie du sort ou de l'auteur: cette diplomate est une ancienne autochtone canadienne, devenue promotrice des disques de chansons françaises à la radio canadienne, avant d'être honorée par la France pour services rendus et faite citoyenne française. Mais l'accent parisien de la dame cache complètement ses humbles origines des Basses-Laurentides québécoises. Madame Katou Parnasse évoque le prix payé par Marie Curie, victime de ses expériences sur la radiation atomique, pour expliquer la mort prématurée de Saku Seppälä devenu un héros de l'industrie de pointe nordique. La nouvelle précise que le corps a été rapidement incinéré pour des raisons sanitaires et sécuritaires.

Les ON déplorent la disparition tragique du savant et les ILS y décèlent un complot pour maquiller la vérité et travestir la justice.

Les fruits de mer se digèrent sur le banc. L'audience reprend. La poursuite appelle le héros des ILS.

– Polycarpe Taschereau. Ancien réalisateur et animateur à Radio-Canada. Forcé à la retraite. Inventeur de la *Crème de Vouzailles*.

– ...

– Je le jure solennellement.

– Vous connaissez l'accusé ?

– J'ai même été témoin de sa montée dans la hiérarchie de la Société. Ses échecs ont toujours été recouverts d'un tapis de mots, aux motifs toujours éloquents. Il a le don de sucrer de logorrhée tous les citrons de ses initiatives malheureuses. ILS le voient comme un fossoyeur non seulement des traditions culturelles de notre radio, mais aussi de la mission socioculturelle de ce diffuseur trahi.

– Objection...

– Soyez pertinent, monsieur Taschereau.

– C'est un casse-tête, Mon Honneur. Les morceaux vont s'ajuster, vous allez voir...

– Nous verrons. Poursuivez.

– Merci. Je me permettrai, Mon Honneur de Seigneurie, de m'adresser aux caméras pour prendre à témoin l'ensemble de la population lésée...

– Aussitôt après la pause commerciale, monsieur Taschereau. J'ajourne pour trois minutes.

Pendant les incitations aux joies du poulet rôti, des hypothèques renversées et du Viagra, la maquilleuse retouche le témoin d'un peu de fond de teint antisudoral. Puis, la démonstration continue à tenter de diaboliser l'accusé pourtant toujours souriant, séduisant, toujours prêt à une œillade d'intelligence à la caméra du contrechamp.

– Dans tous les postes qu'il a occupés, il a tenu le même langage : il fallait une radio distrayante, décoiffante, allumée. Il faut, d'après lui, atteindre plus de gens et laisser une élite, si besoin est, s'occuper toute seule de ses heures de loisirs, de ses besoins culturels ou de ses solitudes. Il dit souvent qu'il faut se nourrir de la concurrence pour grossir. En faisant fi de l'indigestion ressentie par quelques initiés. Au nom des VVV, avec la permission du tribunal, je voudrais ici lire une déclaration.

– Nous nous réservons le droit de juger de l'à-propos et de vous interrompre au besoin. Allez-y sous réserve.

– Nous voulons, par la présente, dénoncer la servilité aux cotes d'écoute tant recherchées par la direction actuelle, sans préjudice aux aspects du dossier. Nous sommes tous sensibles à la moindre manifestation de récompenses ou de punitions. Les animaux ne sont pas différents, ce qui nous permet de les dompter, eux. Ce qui nous différencie des animaux de cirque, nous, les VVV, c'est notre sensibilité aux évaluations qualitatives. Nous croyons à la nécessité réaliste de tenir compte du facteur quantitatif des cotes d'écoute dans l'évaluation de la fonction et du mandat de la radio publique. Mais l'absence de tout mécanisme sérieux et systématique axé sur la qualité (c'est-à-dire sur l'indice de satisfaction d'un auditoire cible) dans cette évaluation quantitative nous a menés dans l'impasse pornographique actuelle, voire criminelle, en privilégiant la partie au tout. Sans parler de la dignité du métier et de ceux qui voudraient l'exercer encore malgré le rejet unilatéral de la direction actuelle. De l'obsession boulimique des cotes d'écoute à la tentation de flatter les goûts du plus petit dénominateur commun, il n'y a qu'un pas que Levain Vespey a non seulement franchi, mais instaurer au détriment de tout l'auditoire ainsi lésé. Ce que nous en disons, les corridors l'ont suinté avant notre mise injuste au rancart ! Nous y parlions à voix basse de la force créatrice d'une boîte comme la nôtre qui ne fonctionne plus qu'à l'inertie nourrie aux habitudes, à une phobie de problèmes éventuellement causés par quelque initiative que ce soit et à ce succédané de l'excellence qui s'appelle les cotes d'écoute. Certes. Les emballages sont brillants. Comme des paillettes ou du strass. Nous osons l'affirmer : les succès qui enflent l'orgueil de la direction de façon grotesque...

– Objection...

– Concluez.

– ... les succès qui enflent l'orgueil de la direction de façon grotesque ne sont attribuables qu'à la faiblesse ponctuelle de la concurrence. Rien de plus.

– Revenez à un propos plus pertinent. Vous n'êtes pas à une tribune, mais à la barre dans un tribunal, monsieur Taschereau.

– En ce qui concerne les agissements de monsieur Vespey, nous sommes plusieurs à croire que l'allègement de la programmation qu'il préconise depuis son accession à la direction tient de l'anorexie culturelle. Sous sa direction, l'éventail des contenus s'est rétréci comme une peau de chagrin. Sa désinvolture, Mon Seigneur, irrite tous les artisans engagés dans une mission que le prévenu tente de repositionner inutilement. Nous sommes plusieurs à être convaincus que la disparition des voix et de la programmation traditionnelle est intentionnelle. Il savait ce qu'il faisait, Votre Honorable. Il connaissait les conséquences possibles de cet espionnage de gestionnaire ambitieux. Si ses malversations ont malheureusement fait taire tant de voix et ce qu'elles avaient à dire, c'est peut-être qu'il rêvait de les remplacer par la sienne. Ce qu'il a fait, Mon Honneur. Il déclare haut et fort que la radio publique au Canada doit rejoindre toutes les oreilles, mais aux accents d'une seule voix, la sienne.

– Objection, Votre Seigneurie. Procès d'intention ici.

– Un motif se cache parfois derrière une motivation, maître. Le témoin peut poursuivre.

– Nous soutenons que l'accusé connaissait les risques de ses gestes. Nous avons bâti une radio qui disait ; il en a fait d'abord une radio qui parlait avant de la réduire au marmonnage. La radio raisonnait, elle résonne maintenant. Comme une coquille vide. Et c'est lui, Mon Honorable, qui l'a vidée !

– La Cour ajourne jusqu'à demain, même heure même poste.

27

Le juge lève les yeux sur l'unanimité évidente des partisans de Levain Vespey dans la salle. Les regards flatteurs acquittent l'accusé avec admiration. Par souci d'équilibre, le juge réprime son sourire devant les caméras et siège. Il se dit qu'il pourrait tout aussi bien se servir de son maillet pour frapper les coups comme au théâtre. Le magistrat confirme la rumeur : la faiblesse de la preuve pour une accusation de meurtre a fait l'objet de tergiversations entre les avocats et le Banc. L'accusation est réduite à homicide involontaire, les parties refusent un non-lieu et acceptent de poursuivre le procès sous l'accusation réduite.

En déclinant son identité, le témoin présente, découvrant ainsi sa dentition éclatante, les décorations accrochées à son complet Armani bourgogne, une soie lainée du fameux tisserand Dormeuil. Chatoyant, le grand frisé, sous les lumières flatteuses des réseaux de télévision dont le son est disponible sur sa chaîne radiophonique publique. L'attention converge vers lui comme les rayons d'une image sainte convergent vers le cœur saignant du Sacré-Cœur. Il rappelle ses origines modestes, son enfance là-bas, au Cap-Breton, son premier travail à la forteresse de Louisbourg. Il rappelle son ascension au sein de la société d'État, toujours inspiré par son engagement à rendre la radio publique accessible à encore plus de citoyens.

– La force vitale d'une radio d'État s'oxygène au nombre de vaisseaux sanguins et passe par son cœur. Plus de veines et d'artères, plus de vie.

– Je vous rappelle le libellé de l'accusation...

– D'accord, et je crois que la majorité des gens qui nous regardent sont du même avis. En termes clairs, on ne m'a jamais renseigné sur les effets nocifs éventuels des dispositifs de communication Eriikiä, renseignements dont une saine gestion éclairée doit disposer pour bien mener les troupes. Et pour dire vrai, je ne crois même pas que Eriikiä le soupçonnait elle-même. Et si Eriikiä en avait connaissance, elle me semble la seule coupable possible. Il est vrai, soyons honnêtes, que les conséquences de cet impair déplorable ont servi mes intentions de changements profonds à l'intérieur de la boîte. Des intentions qui étaient connues des responsables concernés. Ces valeureuses voix malheureusement disparues, handicapées, ou devant maintenant profiter d'une retraite bien méritée, je les ai aimées, admirées, depuis ma tendre enfance, au loin, là-bas. Elles restent un exemple pour moi. C'est avec humilité et fierté que je reprends aujourd'hui, à ma façon, leur flambeau. Pendant plus de un demi-siècle, ces voix de radiodiffusion publique se sont faites les transmetteurs d'un savoir de plus en plus pointu. Elles ont été des éducatrices, des guides, des évangélisatrices. Comme les hérauts des siècles passés, elles ont été des messagères de bonnes et de mauvaises nouvelles, des sources de savoir et même de connaissance. Notre peuple leur doit une fière chandelle, et je suis simplement l'intermédiaire du destin qui leur réserve un repos qu'elles jugent prématuré. Réaction normale que je comprends, monsieur le juge. C'est un peu comme si on vous enlevait votre banc avant la fin de l'audience, j'imagine. Je sais qu'il y a eu des morts, des gens qui sont restés marqués dans leur chair et leur qualité de vie. J'en conviens. Il faut se retourner vers Eriikiä pour chercher à y trouver quelque culpabilité que ce soit. Je n'ai pas été la charrue qui a déchiré sans vergogne la terre féconde. Je n'ai été que le semeur qui a vu à faire cicatriser les sillons derrière son œuvre. Ces voix, dont le succès actuel de notre radio nous confirme que nous pouvons nous en passer, se sont révélées des officiantes d'une grandiose grand-messe qui s'est déroulée pendant des décennies. Elles ont porté la bonne parole, celle de l'éducation de nos masses populaires en s'adressant aux leaders de celles-ci. Elles ont dit ce qu'il y avait à dire. Mes succès de cotes d'écoute, que je partage avec nos équipes, viennent confirmer la justesse des repositionnements que je continue d'orchestrer avec autant de conviction que d'acharnement. J'y crois, monsieur. Et le support populaire dont je bénéficie me confirme dans ma mission. Il y a eu des œufs de cassés dans la fabrication de l'omele...

– Objection...

– ... disons : des dommages collatéraux qui ne relèvent pas de notre volonté, mais de l'incurie d'un fabricant d'outils de gestion. Ces victimes ont été sacrifiées par inadvertance sur l'autel du changement inexorable dont je suis le simple messager. Je m'explique. La radio publique jouit d'un passé d'éducatrice. Je dis: mission accomplie. Merci à tous et profitez bien d'une retraite à laquelle vous finirez bien par vous habituer. Mes sympathies aux familles des disparus. Un passé d'éducatrice mais un présent d'agitatrice. Oui. Nous devenons un agent de transformation sociale. Nous rassemblons des quantités toujours plus importantes de cohortes d'auditoires pour être le fer de lance d'un mieux-être nécessaire d'ailleurs à toute l'humanité! J'ai fait, avec nos équipes, de la radio du DIRE, la radio du FAIRE.

– Silence dans la salle!

– Les voix officiantes ont dû se taire. C'est le prix de la laïcisation de nos ondes. Voilà ce que je dis. On ne va pas à la guerre comme on va à la messe. Et nous sommes en guerre contre les inégalités sociales, les injustices politiques et les privilèges indus. Ce qui fait mal dans cet Ordre Nouveau, c'est justement les douleurs entraînées par la désacralisation de nos ondes. Ces voix maintenant silencieuses ont parlé, dit, déclaré, démontré, renseigné, chanté, dénoncé, réclamé, revendiqué... au nom des auditoires passivement à l'écoute. ON prive les auditoires de ces porte-parole. La parole, source de l'action du citoyen ne trouve plus d'émissaires. Cette parole d'action s'accumule au cœur du citoyen comme une libido sous la soutane d'un moine...

– Silence ou je fais évacuer.

– Il est vrai que la célébrité sous toutes ses formes est devenue notre credo... euh notre critère de base. Je ne le cache pas, je le professe. La célébrité tient lieu d'exemplarité sociale. En faire une sainteté... euh une valeur souhaitable, c'est obliger le désir à passer par l'excellence. La célébrité a longtemps été une curiosité avant de devenir accessible. Maintenant que nous avons démocratisé la gloire, la célébrité est devenue une identité essentielle, presque un passeport vers le bonheur. Nous serons à la radio publique ce que Barnum & Bailey ont été au cirque et à l'exotisme. Rien de moins. Un nouvel opium du peuple, la célébrité ? Pas du tout. C'est un besoin fondamental que les élites ont trop longtemps monopolisé. Notre démarche s'inscrit dans le continuum de l'histoire. Pardon, de l'Histoire ! Trop longtemps, les auditoires ont voulu être célèbres pour les mauvaises raisons. Il ne faut plus, en effet, admirer passivement les stars, il faut les envier jusqu'à se hisser à leur place. C'est la convergence de l'excellence à l'intérieur des espèces, comme aurait dit à ma place Charles Darwin s'il était encore vivant. La célébrité, voyez-vous, c'est la vie elle-même. Elle ne nous est toujours que prêtée. Il faut donc se battre pour elle comme pour survivre. Revenons un court instant, avec votre permission, monsieur, sur le continuum historique dans lequel nous convergeons. Nous sommes en 1225. Disons. Deux courants veulent revitaliser l'Église qui en avait bien besoin. Deux courants polarisés ici même actuellement par les ON et les ILS. En 1225, deux ordres mendiants voient le jour. Les frères mineurs de François d'Assise et les frères prêcheurs de Dominique de Guzman. Les franciscains et les dominicains. Les premiers prêchent par l'exemple, et les autres, par la parole. ON a choisi d'être les franciscains de la radio publique et peut-être de toute la radio. J'ai choisi, avec nos équipes, de répondre davantage aux attentes sociales immanentes. Notre légitimité vient de notre slogan de gestion: «Écoutons-les écouter.» En leur donnant ce qu'ils veulent, nous deviendrons ce que nous sommes. Nous nous trouvons ainsi au rendez-vous de l'hist... l'Histoire. Nous orchestrons simplement le son de voix de célébrités au service d'une *do-it-yourself* radio. Les décorations que je porte, monsieur le juge, et que je partage avec nos équipes convaincues de ces principes, témoignent de la justesse de mon point de vue. Mes récentes nominations à la tête d'organismes internationaux témoignent avec moi aujourd'hui à cette barre.

– Vous êtes le seul assermenté, cela dit.

– Je vous le concède bien volontiers. Très juste. Le sacrifice des disparus aura servi avec panache et dignité la cause mobilisatrice par excellence: la transformation d'une radio publique magistrale en une agoranome, un mot employé dans le dernier numéro de *Paris-Match* qui m'a fait l'honneur de sa page couverture récemment. Un honneur que je partage avec nos équipes, bien entendu. Notre radio montre la voie sans voix. Nous sommes devenus plus qu'une radio, une place publique. Une place Tienanmen. Un cours Wenceslas. Une place de la Concorde. Grâce à notre audace, les ondes hertziennes sont un agent dynamisant de notre société. Alors que je suis animé d'une telle conscience humaniste, on m'accuse d'homicide involontaire? Allons donc. Je ne suis pas un meurtrier par inadvertance. Oubliez même la notion de négligence criminelle. Comment voulez-vous que j'aie voulu du mal à quelques personnes que ce soit quand on reconnaît internationalement tout le bien que je veux à des millions d'auditeurs ? C'est du haut de la forteresse du succès de mes thèses, une forteresse aux accents de celle de ma jeunesse à Louisbourg, du château fort de la ville charbonnière de mon humble enfance, à Sydney, en Nouvelle-Écosse, que je clame non seulement mon innocence, mais l'honneur de continuer à mettre ma célébrité au service de la dynamisation des auditoires.

Émoi dans la salle. Il faut ajourner. Le bras droit de l'accusé, la dorénavant grassette Marie-Pénélope, vient de casser le sien. Elle s'est évanouie. Elle s'est brisé deux dents dans sa chute, en plus de se casser le bras droit. Son chandail chamarré est déchiré, découvrant une mamelle flasque sur laquelle dégoutte sa salive sanguinolente. Les caméras lèchent l'image qui sera relayée dans le monde entier. Certains journalistes laisseront leur lyrisme s'épancher dans une métaphore pour le moins rétro (de vieux journalistes, sans doute) : ils parlent du sauveur des ondes libérées dans une scène qui évoque la *Pietà*. Parce que l'acquittement prend des allures de canonisation, j'imagine.

– Wouahhhhh. Dommage que l'on interdise l'accès aux chiens. J'aurais léché ça, ce plancher-là, moi...

– Ciboire ! Cybèle !

– Wouahhhhh. Oups. L'Anguirland n'est pas dans son assiette, il va oublier la mienne.

La poursuite pour dommages et intérêts et bris de contrat a été réglée hors cour. Au nom des VVV, le comité ad hoc de défense de Polycarpe chapeaute le Comité paritaire d'aide aux employés déplacés et obtient sept millions de dollars de dédommagement. En échange de leur résignation à jamais silencieuse. Toute réunion des ayants droit devant être tenue à huit clos, loin de la place publique... utilisée à d'autres fins dans l'Ordre Nouveau. Les ILS ne sont pas fâchés d'encaisser.

28

TROIS ANS PLUS TARD

Le silence des VVV leur a procuré une existence aisée. Autour de Pol Taschereau, Lucette Lampion et Sidonie Paxillaume, on a fondé une entreprise dite de mieux-être. Lors du versement des sept millions de dollars, ILS se sont octroyé une raisonnable prime de départ. On a convenu d'investir les trois millions de dollars restant en caisse, non dans un fonds de retraite, mais dans le développement de produits dérivés de la *Crème de Vouzailles* et de leur mise en marché. Tous les mis au silence obtenant des parts égales dans la nouvelle société. Shampooings, savonnettes, gamme de maquillage, protections solaires, antiseptiques génitaux, rince-bouche, antisudorifiques, tonifiants des chairs flétries, stimulants érectiles, crèmes pour estomper les rides et effacer les taches de vieillesse, analgésiques dorsaux, calmants hémorroïdaux et suppléments énergétiques. La fabrication équitable est assurée par les Inuits du territoire du Nunavut où la pureté de l'air et la vie saine des habitants ne peuvent que stimuler l'efficacité naturelle des produits.

Le succès les submerge dès le début. Pas un endroit du corps, maintenant, qui n'est pas oint d'une substance de Vouzailles quelconque. On se vouzaille à qui mieux mieux et sans regarder à la dépense. Dès qu'on atteint la cinquantaine. Le slogan publicitaire des produits est devenu un mode de vie, une philosophie. LA FORCE DU SILENCE. Les produits sont soutenus et promus par un vaste mouvement social. On tient des réunions de sensibilisation au vouzaillisme. On répand la bonne nouvelle comme on tartine les produits sur sa vieillesse. Un genre de Tupperware du rajeunissement.

On distribue aux États-Unis, en Europe, au Moyen-Orient et même en Chine et au Japon. Un succès énorme. Un des fils de Yves Rocher, le cosmétologue français, Paul-Robert Jouvence, s'est intéressé rapidement aux produits Vouzailles. Héritier d'une immense fortune, il proposa aux actionnaires québécois d'injecter quarante millions d'euros dans l'affaire et un peu de sel de mer dans les produits. La mer, c'est sa marotte. Les actionnaires ont aussi accepté de rectifier le vecteur publicitaire en ne parlant plus de rajeunissement mais de ressourcement.

La part initiale de vingt mille dollars de chaque actionnaire est actuellement évaluée en Bourse à six millions de dollars. Un succès financier qui réussit à coiffer de peu celui des premiers actionnaires de la chaîne McDonald. Les derniers chics : les vêtements de chamois Jouvence-Vouzailles, les accessoires de golf Jouvence-Vouzailles et l'assurance-santé universelle Jouvence-Vouzailles.

Levain Vespey, lui aussi, profite d'une immense notoriété depuis son acquittement. Sa méthode de gestion des ondes publiques s'est répandue comme la *Crème de Vouzailles*. Il a rapidement été nommé à la présidence générale de Radio-Canada tout en assumant ses fonctions similaires à l'international. Insigne honneur pour le petit gars de la Nouvelle-Écosse, il a reçu, il y a deux ans, le premier prix Nobel des communications. Maintenant associé à la firme d'Henry Kissinger, il applique ses concepts à la résolution des conflits par l'augmentation de la cote de popularité des gouvernements en difficulté. On dit même qu'il aurait refusé le poste de secrétaire général des Nations Unies l'an dernier. Et pour ajouter du piquant à sa réussite, la revue américaine *Vanity Fair* l'a déclaré l'homme le plus séduisant de l'actualité.

Au Canada, comme ailleurs en Occident, le succès d'écoute de la radio et de la télévision publiques est tel que le gouvernement doit protéger les médias privés en les subventionnant. Les médias publics, pour leur part, vivent grassement des opérations de convergence avec le milieu des affaires. La synergie triomphe. Et le parlement décide de privatiser les médias publics. Radio-Canada et Canadian Broadcasting Corporation sont à vendre ! On gardera toutefois Radio-Canada internationale comme outils de communication diplomatique au service des Affaires extérieures. Par souci de justice pour les francophones canadiens et de *fair-play* pour les *Canadians*, il est décidé que les offres seront tenues secrètes, sous la garde de la Croix-Rouge canadienne, et ouvertes simultanément à une date fixe. Le plus offrant en deviendra propriétaire à condition de maintenir son siège social au Canada. Le débat populaire bat son plein. On craint la mainmise étrangère, une idéologie intégriste, une opération de blanchiment d'argent. On résiste au changement. Comme il se doit dans tout confort sédatif et toute ankylose politique. Comme l'écrivait dans ses mémos le vieux chef de cabinet Niccolo Machiavelli.

On ouvre les enveloppes.

Radio-Canada sera désormais connue sous le nom Radio-Vouzailles.

L'emblème, comme sur les produits Jouvence-Vouzailles, représentera la tête blanche du chien Cybèle trop tôt disparu.

Son célèbre WOUAHHHHH servira de signature sonore à la nouvelle chaîne privée.

Achevé d'imprimer au Canada en août 2004